管遵华 编著

晏子
廉者仁心

山东城市出版传媒集团·济南出版社

图书在版编目(CIP)数据

晏子：廉者仁心 / 管遵华编著. —济南：济南出版社，2014. 7（2022. 6 重印）

ISBN 978 -7 -5488 -0810 -7

Ⅰ. ①晏… Ⅱ. ①管… Ⅲ. ①晏婴（？ ~前 500）—生平事迹 Ⅳ. ①B220. 5

中国版本图书馆 CIP 数据核字（2014）第 168788 号

晏子:廉者仁心

管遵华　编著

责任编辑　丁洪玉

装帧设计　侯文英　谭正

内文插图　闫同涛

出版发行　济南出版社

地　　址　济南市二环南路 1 号(250002)

电　　话　(0531)86131730　86131735

网　　址　www. jnpub. com

经　　销　各地新华书店

印　　刷　天津画中画印刷有限公司

版　　次　2014 年 7 月第 1 版

印　　次　2024 年 1 月第 3 次印刷

成品尺寸　148 毫米 ×210 毫米　32 开

印　　张　5. 25

字　　数　85 千字

定　　价　58. 00 元

法律维权　0531 -82600329

做一名人民满意的好公仆（序一）

王　成

晏子，名婴，《史记·管晏列传》记载：“晏平仲婴者，莱之夷维人也。”夷维，也就是我们现在的高密。他是春秋时期齐国著名的政治家、思想家、外交家，与汉代经学大师郑玄、清代大学士刘墉并称为“高密三贤”。晏子作为社稷之臣，一心事三君，一生勤勤恳恳治政，清清白白做人，清正廉洁，爱民重民，成为历代为官者的楷模，其思想文化博大精深，可为治国理政提供有益借鉴。2012 年 12 月，习近平总书记到广东考察时，就引用了《晏子春秋·内篇问下》的名句“意莫高于爱民，行莫厚于乐民”，强调党员领导干部要密切联系群众，不断改进工作作风。2015年9月，习近平总书记访问美国，在白宫欢迎晚宴上的祝酒辞中，他引用了《晏子春秋》中“为者常成，行者常至”的名言，来说明无论做什么事情，只要脚踏实地，就能久久为功。另外，习近平总书记还在其他场合引用晏子的名言典故来阐述治国理政思想，充分体现了他对晏子思想文化学说的肯定。不仅如此，习近平总书记还反复强调，要从传统文化中寻找治国理政的经验借鉴和智慧启示，他指出，“治理好今天的中国，需要对我国历史和传统文化有深入了解，也需要对我国古代治国理政的探索和智慧进行积极总结”。因此，《晏子：廉者仁心》一书可谓顺时应势，对于我们弘扬中华优秀传统文化，以史为鉴，古为今用，具有一定的积极意义。

本书的作者管遵华女士，曾做过中学教师，后又读了中国哲学的研究生，之后又在新闻单位工作数年，现在是高密市委党校的教师。对于这样一位从中学教师岗位走出，最后又回归教师岗位的人来说，这不是职业原点的回归，而是思维的精进。《晏子：廉者仁心》这本书，应该是这一结论的佐证。

客观地说，《晏子：廉者仁心》不是一本高深的学术书，它更像是一本面向读者特别是广大党员干部，提升其党性修养和传统文化素养的优秀通俗读本。它的价值，在于通过作者的精思，为我们提供了另外一种思维，开拓了另外一种境界——思考眼前的问题，应该有更长远一些的眼光；做好当下的工作，可以从历史中找到切入口和原动力。

早在1871年，马克思、恩格斯在总结巴黎公社经验的基础上，就提出无产阶级新型的国家机器及其公职人员是人民的公仆。我们中国共产党人一贯秉承马克思主义公仆理论，提出以“全心全意为人民服务”为宗旨，以“权为民所用、情为民所系、利为民所谋”为价值准则，强调“永做人民的忠实公仆”。在庆祝中国共产党成立100周年大会上的重要讲话中，习近平总书记指出，共产党人“打江山、守江山，守的是人民的心”。做人民满意的公仆，守住人民的心，可以说是对马克思主义者的一贯要求，也是每名党员干部的职责和本分所在。

如何做一名人民满意的好公仆？历史是位好老师！

高密市委党校教师管遵华同志深入挖掘高密深厚的历史文化资源，编著了这本《晏子：廉者仁心》。本

书视角独到，语言生动活泼，通过历史上的一个个小故事来说理，让人看到了一个重民爱民、受民爱戴的晏子，一个勤政廉洁、持身立节的晏子，一个崇尚节俭、反对奢华的晏子。晏子的这些优秀品德、高尚情操和优良作风，也正是我们所要学习倡导和弘扬宣传的。

“求木之长者，必固其根本。欲流之远者，必浚其泉源。”二千五百年前，一代廉相晏子为我们做出了很好的榜样。《论语》曰：“见贤思齐焉，见不贤而内自省也。”在中国特色社会主义进入新时代的历史时期，每一名党员干部都可以以晏子为师，始终牢记自己的公仆身份，正确对待手中的权力。“利在一己勿谋，利在天下则谋；利在一时勿谋，利在万世则谋。”在历史的长河中，愿我们每一名党员干部都能够经受住实践和历史的检验，做出无愧于时代、无愧于国家、无愧于人民的伟大业绩。

是为序。

2022 年 5 月

（作者系山东大学政治与公共管理学院教授、博士生导师，山东省孟子文化研究会会长。）

一代贤相晏婴（序二）

宣兆琦

我是在长篇历史小说《姜太公》出版发行座谈会上认识管遵华老师的。那是一个包容性强、开放度高的座谈会。因为姜太公是先秦齐国的首封君主，是齐文化的缔造者，是一个历史人物，所以与会代表中有历史学者和齐文化研究专家；因为《姜太公》是一部长篇小说，是一部文学作品，所以与会代表的主体是作家和文艺评论家。因此，这次会议可以说是跨文史学的一次群英会，也可以说是一次齐文化的学术研讨会。其价值之高、特色之鲜明是不言而喻的了。

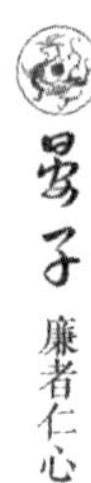

就是在这次座谈会上，管遵华做了一次很精彩的发言。在发言中，她优雅的气质，清晰的思路，新颖的见解，细腻的感受，非凡的谈吐，得到了如潮好评，引起了很大反响。会后交谈时，我才知道管遵华女士是高密市委党校的老师。当谈到高密文化名人的时候，我们自然而然地谈到了当代名人，中国第一个诺贝尔文学奖获得者莫言；同时也自然而然地谈到了历史名人，先秦齐国名相晏婴。这些并不让我惊异，让我惊异的是这一古一今两个高密乡贤都被纳入管遵华的研究方向和研究范围了。对此，她明确了一个较高远的研究目标，设计了一个较宏大的研究计划。我和管老师就这样认识了。

时光飞逝，白驹过隙，转眼间七八年过去了。前几天，突然接到管遵华的电话，说是她的《晏子：廉者仁心》一书，济南出版社准备再版了，并约我写篇序言。我听后自然很高兴，这不正是我所期待的吗？至于写序的事我又有些为难了，因为自知才疏学浅，不堪其任。然而恭敬不如从命，姑且将粗浅的读后感受和感想写下，以就正于方家。

我认为，《晏子：廉者仁心》是一部关于晏婴和

《晏子春秋》的难得的阶段性研究成果，是一部精品力作。

孔子在《论语·子路》中说："名不正，则言不顺；言不顺，则事不成；事不成，则礼乐不兴。"这是子路问如何为政时，孔子说的一段话。岂止是仅有为政才需要名正言顺呢？写书又何尝不是如此！作者深明此理，并且完美地做到了这一点。她在诗意般的书名中嵌进了两个关键词，一个是"廉者"，一个是"仁心"。这是巧妙的，又是深刻的，可谓点睛之笔。有了这两个词，该书就有了主题和主体；有了这两个词，该书就有了思路和架构；有了这两个词，该书就有了写作的方向和路径；有了这两个词，就会让读者第一眼抓住该书的灵魂和精神。

我们来解读一下这两个关键词。

先看"廉者"。晏婴生活在春秋末期，齐国昨天的争霸战争已成过去，明天的称雄帷幕尚未拉开，这是一个相对稳定的时代，也是一个物质富庶的时代。齐国君主和卿大夫们无不沉浸在一片歌舞升平之中，君荒臣嬉，奢侈成风。作为政治家的晏婴，却保持着异常清醒的头脑。他认为："夫富，如布帛之有幅焉，为之制度，使无迁也。夫民，生厚而用利，于是乎正德以幅之，使无黜嫚，谓之幅利。利过则为败。吾不敢贪多，所谓幅也。”他认为：“美哉水乎清清，其浊无不雩途，其清无不洒除，是以长久也。”他主张：“富贵不傲物，贫穷不易行，尊贤而不退不肖，此君子之大义也。”正是他独到而深刻的“正德而幅利”的哲学思想，“水清为美”的美学思想和“贫穷不易行”的君子人格，使他喊出了“廉者，政之本也；让者，德之主也”的时代强音，也成就了他一代廉相的千秋美名！

再看“仁心”。“仁”是孔子思想的核心，是儒家思想体系的最高道德境界。一部《论语》，二十篇，三百六十章，一万六千四百多字，据清人阮元统计，讲“仁”的共有五十八章，“仁”字凡百有五见。此处阮氏统计有误，实际上百有七见。尽管“仁”的含义宽泛而多变，难以达诂，但孔子以“仁”的内核建构仁学的思路是十分清晰的。历史又不仅仅如此，其实齐文化中一直有“仁”的传统。《说文解字注》载：“夷俗仁，仁者寿。”意思是说“仁”是东夷人的风俗，有着广泛的民意基础，属于集体无意识。《齐风·卢令》曰：“卢令令，其人美且仁。”仁者，人也。《诗经》中对人的赞美，也是对“仁”的讴歌。《管子·枢言》载：“信之者，仁也；不可欺者，智也。既智且仁，是为成人。”《晏子春秋》载晏婴语曰：“能爱邦内之民者，能服境外之不善；重士民之死力者，能禁暴国之邪逆；听赁贤者，能威诸侯；安仁义而乐利世者，能服天下。”这说明，齐文化中不仅有“礼义廉耻”等伦理范畴，也有“仁”“义”的伦理范畴。孔子说：“桓公九合诸侯，不以兵车，管仲之力也。如其仁，如其仁!”孔子说：“救民百姓而不夸，行补三君而不有，晏子果君子也。”孔子又说：“晏平仲善与人交，久而敬之。”“君子”“仁心”不正是孔子给予管仲和晏婴的最高评价吗？

“廉者”“仁心”两个关键词确定之后，作者就紧紧地围绕着这两个主题创意策划、谋篇布局了。她把全书分为四章：第一章写的是“以民为本，重民爱民”，第二章写的是“勤政廉洁，持身立节”，第三章写的是“选贤任能，远离谗佞”，第四章写的是“崇尚节俭，反对奢华”。该书“章”之下是不设“节”的，而是由“导论”“历史典故”和“古理今说”三个部分构成。在作者笔下，“导论”是绵密的，“典故”是生动的，

“说理”是透彻的。作者正是通过这四章的篇幅，成功地刻画了晏婴“廉者”“仁心”的君子形象，解读了晏婴“廉者”“仁心”的文化内涵，论述了晏婴“廉者”“仁心”的历史价值和当代意义。

总而言之，《晏子：廉者仁心》为齐文化研究园地贡献了一枚硕果，同时也为加强党员干部廉政文化建设提供了一本有益的教材，可喜可贺！

是为序。

2022年4月26日写于山东理工大学

（作者系山东理工大学齐文化研究院原院长、教授，
山东省齐文化研究基地原首席专家。）

目 录

大道不器

——写在前面的话

在庆祝中国共产党成立100周年大会上的重要讲话中，习近平总书记指出：“江山就是人民、人民就是江山，打江山、守江山，守的是人民的心。”这一重要论述，是对党的百年历史的深刻总结，是对党的宗旨性质的生动诠释，警示我们要永远与人民心连心。

“得人心者得天下”，是千古不变的真理。同样，“得人心者安天下、稳天下”，则是巩固政权千古不变的真理。“得道多助，失道寡助”，一个政权的建立和巩固，主要在于人心。人民，只有人民，才是推动历史

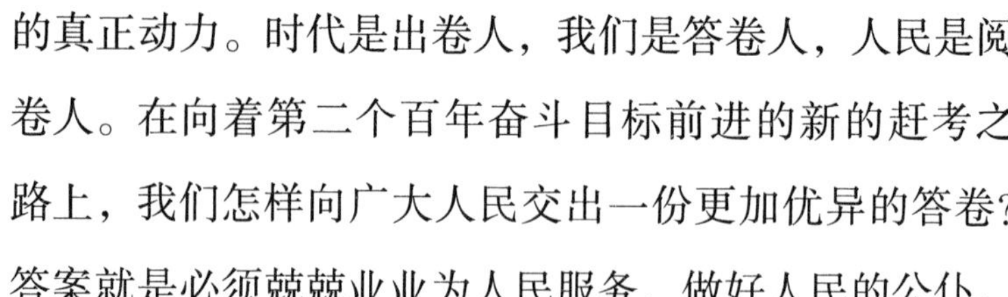

的真正动力。时代是出卷人，我们是答卷人，人民是阅卷人。在向着第二个百年奋斗目标前进的新的赶考之路上，我们怎样向广大人民交出一份更加优异的答卷？答案就是必须兢兢业业为人民服务，做好人民的公仆。

做好人民公仆的方法有很多，其中之一就是向历史学习，以史为鉴，历史就是一面镜子、一位老师。在我们身边，在高密，历史上就有一位这样的老师——晏婴。晏婴，字仲，谥平，多称平仲，又称晏子，夷维（今山东高密）人。他是春秋时期齐国伟大的政治家、思想家、外交家。晏婴历任齐灵公、齐庄公、齐景公三朝的卿相，辅政长达五十余年。

晏子不仅有我们熟知的敏捷过人的应变能力，而且还是一位勤于国事、热爱百姓、廉洁奉公的好官。

对于百姓，他爱民如子，应民所呼、察民所虑、解民所忧，不逞强权，不作威福，能设身处地考虑他们的艰难处境。遇有灾荒，国家不发粮救灾，他就将自家的粮食分给灾民救急，然后动谏君王赈灾，深得百姓爱戴。他勤恳廉洁从政，清白公正做人，主张“廉者，政之本也；让者，德之主也”。他管理国家秉公无私，亲友僚属求他办事，合法者办，不合法者拒。他从不接受礼物，大到赏邑、住房，小到车马、衣服，一律辞绝。不仅如此，他还时常把自己的俸禄送给亲戚朋友和劳苦百姓。他崇尚节俭，反对奢华，住的是低矮陋室，乘的是驽马破车，穿的是粗布衣服，吃的是粗米干饭。身为大国的宰相，生活如此清苦，连国君都看不下去了，要给他换住宅，换车子，赐金银，加封邑，但都被他谢绝了。

二千五百多年来，晏婴以其美好的品德和高尚的情操，修身、齐家、治国，开创了良好的一代政风。对此，司马迁以无比钦敬的笔调写道："假令晏子而在，余虽为之执鞭，所忻慕焉。"

虽然晏子的思想有其时代和阶级的局限性，但其价值总是穿越历史的隧道显示出永恒的意义。晏子的一颗为民之心，悠悠千载，时至今日，仍然闪耀着灼灼光华。愿所有的公仆都能以晏子为镜鉴，反观自己，要求自己。

古人云："大道不器。"古今同律，万事一理。在历史的借鉴中，无论何人，都会从中获益。

第一章　以民为本，重民爱民

自商末周初以来，人们逐渐认识到“民”对于“天下”的重要性。“民为邦本，本固邦宁”“民为贵，社稷次之，君为轻”等“民本”思想越来越成为进步思想家、政治家的共识。晏子是一位让人景仰的爱民宰相，在他的政治活动、治国方略中，始终贯穿着一个思想，那就是以民为本，关心民利，重民爱民。

晏子非常推崇管仲治理天下必须“始于爱民”（《管子·小匡》）的思想。他主张“意莫高于爱民，行莫厚于乐民”（《晏子春秋·内篇问下》），即没有比爱护百姓更高明的想法了，没有比让百姓快乐更宽厚的做法了，所有的思想、行动都要以百姓为先。晏子不仅心中装着平民百姓，而且还用爱民思想劝谏君王。更为可贵的是，作为齐国的相国，晏子爱民的思想并不是只挂在口头上，而是身体力行，躬亲示范。百姓有困难，他总是奔走相告，积极帮助，济民于危难之间，救民于水火之中。在他的努力下，伤槐者、伤竹者、惊鸟的农夫、养马的官员都被免除了酷刑，保全了性命；逢于何的母亲得以安葬，北郭骚的母亲得以颐养天年……可以毫不夸张地说，晏子的民本意识之强，爱民之深，是显而易见、处处见诸行动的，这在那个人心不古、礼崩乐坏的时代确属难能可贵。

在晏子看来，惠民、乐民则国强，反之则国亡。他身居相位，利用职权，抓住机会，采取措施，谏君劝君，爱民重民，将一位古代官员应尽的职责完美地呈现了出来。中国共产党以为人民谋幸福赢得了天下，并始终以全心全意为人民服务为根本宗旨，而晏子在其位、谋其政、爱其民的宅心厚德，值得为官者借鉴、效法。

1. 意莫高于爱民，行莫厚于乐民

叔向向晏子请教："什么样的想法才是高明的？什

么样的行为才是宽厚的？”

晏子回答说：“没有比爱护百姓更高明的想法，没有比让百姓快乐更宽厚的做法。”

叔向又问：“什么样的想法是低劣的？什么样的行为是不值一提的？”

晏子回答说：“没有比苛刻地对待百姓更低劣的了，也没有比败坏自己的德行更不值得提的了。”

【古理今说】

“意莫高于爱民，行莫厚于乐民”，这是春秋后期齐国著名思想家、政治家晏婴对“民本思想”的深刻认识。二千五百多年前，一位士大夫仅用寥寥十二个字，便对一名国家公职人员应尽的职责作了完美的阐释。

“在其位、谋其政、履其职、尽其责”，每一名党员干部，特别是领导干部，无论身处何时何地、身居何职何位，履行好自己的岗位职责，做好自己的本职工作是分内之事，容不得丝毫懈怠和讨价还价。我们必须明白：“官”只是我们为民服务的岗位，“权”只是我们为民服务的工具。我们只有做到想群众之所想、急群众

之所急，设身处地站在群众的立场和角度想问题、做事情，正确行使人民赋予的权力，尽心尽责，敢于担当，乐于奉献，做到应民所呼、察民所虑、解民所忧，把党和人民赋予的职责与使命看得比泰山还重，坚持立党为公、执政为民，才能成为一名称职的党员干部，才会赢得群众的信任、拥护和爱戴。

2. 齐景公怜饥者

一天，齐景公和一些大臣到寿宫去游玩，路上遇到一位老人。他面黄肌瘦，背着一大捆木柴，显得疲惫不堪，像是饿了很久的样子。

齐景公看了心里很难过，觉得他非常可怜，于是长长地叹了一口气，然后交代身边的官吏要好好地供养、照顾这位老人，免得他再劳累受饿。

一边的晏子见齐景公怜悯老者，便上前称赞道："臣听说，喜爱贤良的人而怜悯不幸的人，是治理国家的根本，如今君王能怜爱老者，将恩惠广施百姓，此乃治国之本啊！"

齐景公听了晏子的称赞，心里非常高兴，不觉露出了喜悦的笑容。晏子见了，便进一步说：“圣明之君遇到贤良就喜爱贤良，遇到不幸就怜悯不幸，看到一人受苦，便会想到其他人。如今，臣请求君王下令，凡国内年老、鳏寡、幼弱等无助者，派各地官员调查清楚，然后给予妥善安排与照顾，以此来广施君王的恩惠。”

齐景公听了晏子的建议，更加欢喜，马上答应下来：“这样真是太好了，就照你说的去办吧！”

于是，在晏子的劝谏下，齐国年老、幼弱的人得到了扶养与照料，鳏夫、寡妇也重新组合了家室，人民生活更加安定，全国上下一片和乐，大家因此都很感激君王的恩德。

【古理今说】

见到齐景公怜悯老者，晏子适时加以称赞，在齐景公听了心生欢喜后，又不失时机，进一步劝谏齐景公，让齐景公将对一位老者的关怀、照顾扩大到全国百姓，让所有需要照顾的人都能蒙受“君王恩惠”。晏子的智慧与仁心跃然纸上，令人称赞。

作为新时代的领导干部，在群众遇到困难时，绝不应当仅仅是抱以怜悯，而应该心怀愧疚之心，反躬自

问，反躬自省，问自己是否尽到了职责。不仅如此，面对生活困难的群众，要格外关注，格外关爱，时刻把他们的安危冷暖放在心上，千方百计帮助他们排忧解难。

3. 齐景公衣狐白裘不知天寒

有一年冬天，天气非常寒冷，鹅毛般的大雪铺天盖地下了三天三夜。早晨，齐景公身穿裘皮大衣站立在窗前，望着窗外的皑皑白雪，禁不住高兴地对身边的晏婴说：“今年的天气真奇怪，下了这么长时间的大雪，还是一点也不冷，倒有点春江水暖的样子。这银白色的景致实在美极了，要是再多下上几天，那该有多好啊！那样一来，就可以多欣赏几天好景致了。”

听了齐景公的话，晏婴若有所思。过了好一会儿，他才开口说：“冬天的景致确实很美，但对很多人来说，下雪却是一件再残酷不过的事。在这种天气里，您之所以感觉不到寒冷，是因为您身上穿着温暖舒适的裘皮大衣，室内又有熊熊燃烧的炉火。我经常听人家说，贤明的君王，在吃饭的时候总会想到自己的子民中是不是还有人在挨饿；穿暖和衣服的时候，总会想到自

齐景公衣狐白裘不知天寒

己的子民中是不是还有人在受冻。这样才能做到设身处地为民着想。”

齐景公听了晏婴的话，一下子面红耳赤，不好意思起来。从此，他再也不在晏婴面前赞赏冬天的景致了。

【古理今说】

齐景公身穿裘皮大衣，站在温暖的室内，兴致盎然地欣赏窗外的皑皑白雪，当然体会不到室外的冰天雪地和老百姓的冻馁之苦。这分明不是贤明君王的做法。晏子提醒齐景公，贤明的君王，应该在自己吃饭的时候想到人民中有没有忍饥挨饿吃不上饭的；穿暖和衣服的时候，应该想到自己的人民中有没有穿不上衣服而受冻的。只有心中常怀爱民之心，常怀忧民之思，才能得到百姓的拥护和爱戴。

反躬自问，在我们的领导干部中，有没有这样衣狐白裘而不知天寒的“齐景公”呢？坦率地讲，这种现象在某些干部身上是存在的。君不见，有的为官者坐豪车，吃美食，不曾考虑到百姓的疾苦，根本原因还是心中缺少为民情怀！晏子娓娓道来的朴素话语，值得每一位为官者深深地反思。

4. 声名归君

晏子出使鲁国期间，齐景公在全国征召了一批人，开始建造大台之馆，以供游玩、休息之用。到了年底，天气已经变得很寒冷了，工程却仍在进行，因此受冻挨饿的大有人在，大家不免抱怨国君不能体恤百姓。

晏子回到齐国后，听说了齐景公大造台馆，百姓受冻挨饿的事后，并没有说什么。当晏子前往复命时，齐景公特意设宴慰劳他，两人一边喝酒一边畅谈，气氛非常融洽。

待酒酣兴尽时，晏子起身请求道："君王若要赏赐微臣，臣请高歌一曲。"接着，晏子便唱了起来："百姓们唱道：'冷水淋湿了我的衣襟，寒彻骨髓，该怎么办呢？朝廷侈靡，民生凋敝，不容我生存，该怎么办呢？'"歌声悲凄，不免使人心酸。唱完后，晏子喟然长叹，流下了眼泪。

齐景公看到晏子如此，马上离席而起，走到他身旁，劝他说："先生为何这样呢？莫非是因为大台的工程？寡人叫他们停工就是了。"晏子听齐景公这么说，便起身向齐景公再三叩拜致谢。之后，晏子辞别齐景公，并没有马上回家，而是闷声不响地直接走向大台工地。到了工地，晏子二话不说，拿起藤条就打那些工作不努力的人，一边打，一边还念叨："你们这些升斗小民，都有自己的房屋以避燥热潮湿，现在国君叫大家合力造一座大台之馆，都不能迅速完成，以后还能做什么事呢?"

看到这个情形，所有的人都认为，晏子真是伤天害理，竟然虐待百姓，因此都说："晏子助纣为虐!"晏子走后，齐景公命令迅速停工。于是，整个工地的人都非常高兴，一哄而散。

孔子听闻此事后，不禁喟然感叹道："古之善为臣子的，声名归之君王，灾祸归于己身，在朝堂帮助君王去其不善，在外则高歌君王的德义。因此，虽然侍奉的是无能的君王，却可以使周边各国朝拜顺服，而他自己仍虚怀若谷，不夸耀自己的功劳。时居今日，能当此无愧的，恐怕就是齐国的晏子吧!"

【古理今说】

从重民和爱民出发，晏子主张节俭，反对向人民横征暴敛，反对大兴土木，以减轻人民的负担。面对劳民伤财、怨声四起的“大台之馆”，晏子巧妙地劝谏齐景公停工，并将声名归君，过恶归己，不仅解除了人民的困苦，也缓和了君民关系，使齐国上下一片和睦，君悦民安，真是皆大欢喜。

在阻止齐景公建造宏大工程时，晏子宁愿委屈自己，承担“助纣为虐”的恶名和骂名，只为能够达到停工的目的，为百姓解除不应有的负担。说到底，晏子之所以声名归君，还是因为扎根在他心中的是一颗为民爱民的仁者之心，而声名乃是浮云。这正应了老子那句话：“夫唯不争，故天下莫能与之争。”

“金杯银杯，不如老百姓的口碑”“为官一任，造福一方”。名声，特别是领导干部的名声，不是说出来的，而是身体力行，用实际行动赢来的。

5. 齐景公欲诛养马之人

齐景公有一匹心爱的马，交由养马的差役好好看管照料，谁知有一天，马突然得暴病死了，连养马人都不知是什么原因。

齐景公知道后，十分伤心，也很生气，一定要派人将养马人肢解处死。

齐景公一声令下，左右的侍卫便要前去抓养马人。众臣见君王暴怒，都不知说什么好。此时，站在一边的晏子走了出来，示意侍卫暂且住手，自己转而向齐景公问道：“君王，肢解人也须有一定的方法和步骤，但不知古代圣王尧、舜肢解人时，是先从哪儿下手啊？”

正在气头上的齐景公一听，大吃一惊，心想尧、舜都是一代圣王，爱民如子，怎么会肢解人，自己如今这样做，怕是与圣贤背道而驰，反与桀、纣为伍了。齐景公内心惭愧，便顺口说道：“从寡人开始。”侍卫们一听，都退下了。

虽收回了肢解之令，但齐景公余怒未消，又下令说：“免除肢解之刑，将他打入牢狱，处以死刑吧。”

晏子听了，并没有再阻止，只是向齐景公作礼问道：“君王，此人真是罪大恶极，只可惜他还不知道为什么要被处死，恐怕会死不瞑目。不如让微臣替君王将他的罪状一一说明，让他知道自己所犯之罪，然后再执行，也好让他死得甘心，您觉得可以吗？”

齐景公一听，觉得晏子的话也不错，便答应了。

齐景公欲诛养马之人

晏子于是上前，当着众臣之面，开始数落起养马人来："你犯有三条大罪。第一条，君王让你养马，结果因为你不小心，马暴病而亡，等于是你杀了马，所以应当判你死刑。第二条，因为你养死的是君王最爱的马，所以应当被判处死刑。第三条，君王因为一匹马而杀人，全国的百姓如果听说此事，必定会埋怨君王爱马胜于爱人；诸侯如果听说此事，必定会轻视我们国家，但是追究其原因，只是由于你把君王的马养死了，所以更应当判处你死刑。现在，将他交给狱吏，执行死刑吧！"

齐景公在座上听后，不禁惊出一身冷汗，晏子所言条条都不足以判养马人死刑。齐景公由此认识到了自己的过错，不由得喟然长叹，对晏子说道："先生您就开释他吧，无论如何，也不能因此伤了我的仁德啊！"

【古理今说】

齐景公心爱的马死了，而且不知是什么原因，暴病而亡。本是区区一桩小事，但齐景公因心疼自己的爱马，非要杀养马人而后快。晏子以退为进，条分缕析，令齐景公听闻后惊出一身冷汗，认识到了自己的过错，从而救了养马人一命。

马与人，孰轻孰重，似乎很容易见分晓。晏子智救养马人与孔子马厩失火一事似乎如出一辙。孔子家的马厩失火了，夫子退朝后得知此事就问伤到人没有，却没有问马。马厩遭焚，首先遭殃的应该是马而不是人，照常理说，既要问人也要问马，而孔子却问人不问马。不用说，这非常符合孔子“仁者爱人”的一贯主张。而在晏子的思想中，也是以民为本。

当今时代，无论是做人还是做官，我们都应该充分树立生命至上的观念和意识，尊重生命，认识到生命至高无上的价值。

6. 齐景公掏雀

齐景公有一次兴起，去掏麻雀窝，可是掏出来以后，却发现麻雀太小了，于是又将它放回窝里。

晏子恰好听到此事，便未按通常朝会的时间，先行入见齐景公。

齐景公掏出麻雀又放回去，穿着长袍来回折腾，汗流浃背，衣冠不整，突然一回头，看到晏子进来，不免吓了一跳。

晏子向齐景公作礼问道：“不知君王在做什么，以至如此呢?”

齐景公看了看晏子，说道：“寡人刚才在掏麻雀，因雀儿太小，故又将它放回原处。”晏子听后，略退了几步，朝北面拜了两拜，向齐景公致贺道：“我君有圣王之道啊!”齐景公听了，不禁一惊，奇怪地问：“寡人掏麻雀，因为看到雀儿太小，所以将它放回原处，这与先生您说的圣王之道有什么关系呢?”

晏子回答说：“君王掏雀，但因雀儿太小，便将它放回原处，这是关爱幼小的表现。君王的仁爱之心都能施于禽兽，更何况人呢?这仁爱就是圣王之道啊!”

【古理今说】

齐景公身为一国之君，在兴起之时去掏麻雀窝，而且还弄得汗流浃背，真让人啼笑皆非。然而，晏子却能从齐景公掏麻雀的举动中，发现齐景公的仁爱之心，并且借机劝谏，帮助齐景公将心中的慈爱之心扩展到黎民百姓，从而推行圣王之道。可见，晏子心中始终怀有仁者爱人之心，并时时处处将这份爱民之心体现到治国安邦的行动中。晏子的良苦用心可见一斑啊！

作为今人，尤其是作为人民的公仆，更应该时时反省自己是否有仁者爱人之心，心中是否有公仆意识，是否心怀全心全意为人民服务的宗旨和信念。只有常备此心，且勤拂拭，才不致丧失本心，使其蒙尘。

7. 齐景公欲杀骇鸟之人

有一次，齐景公在田野里射鸟的时候，一位农夫不小心把鸟给吓跑了。齐景公很生气，命人诛杀农夫。

一旁的晏子说："农夫不明情况啊。我听说奖赏无功的人叫作昏乱，惩罚不明情况的人叫作暴虐。这两样，都是先王的禁忌。因为飞鸟而冒犯先王的禁忌，这是不明智的。如果您不了解先王的制度，缺乏仁义之心，就会因为放纵自己的私欲而轻易杀人。鸟兽本来就不是人养的，农夫吓走它，不也合情合理吗？"

齐景公听后说："说得好！从今以后，我要放宽关于鸟兽的禁令，不会因此而苛待百姓了。"

【古理今说】

齐景公在田野里射鸟，仅仅因为农夫不小心把鸟给吓跑了，就要诛杀农夫，不能不说有失妥当。且不说农夫是不小心吓走了鸟，即便真的是故意为之，也罪不至死。晏子认为，先王的制度根本在于仁义，仁义也就是爱心，这才是人心中最根本的善。

反躬自问，在日常工作中，我们有没有因为一时感情用事而做出错误的举动，有没有将个人的私利置于百姓利益之上的时候？无论什么时候，善心、爱心都是不能丢失的。

8. 齐景公葬狗

有一次，齐景公的一只爱犬死了，齐景公下令为狗准备棺木，并要举行隆重的葬礼。

晏子听了，赶紧劝他停止这样做。

齐景公说：“哎，好玩嘛！”

晏子说：“君王，您这就错了。征收人民的钱财而不用在人民身上，这样的国家还有什么指望？孤苦老弱的人冻死没有人管，狗却可以享受这么好的待遇；贫苦的人死了没有人怜悯，狗却有棺木可以厚葬。您这种举动，老百姓要是知道了，一定会怨恨您；邻国要是知道了，一定会轻视我国，君王应该慎重考虑才是。”

齐景公听从了晏子的劝告，打消了葬狗的念头。

【古理今说】

齐景公最心爱的狗死了，他打算为狗定做棺木，并举行隆重的葬礼，以表达自己对狗的感情。作为一国之君，这样的行为合不合理？晏子给出了答案：钱财应该用在人民身上，贫苦的人死了不去怜悯，狗却得以厚葬，这样的举动只能让百姓伤心。齐景公听从劝谏，取消了葬狗的举动。

齐景公葬狗的事情告诉我们，在做任何一件事情之前，都必须仔细地想一想，哪些事是应该做的，哪些事是不应该做的，哪些事应当先做，哪些事应当后做。再进一步说，作为人民的公仆，应该考虑，钱应该用在哪些地方，哪些钱该花，哪些钱不该花。如果把钱花在不该花的地方，那就跟齐景公不去关心贫苦的老百姓，却要花大笔金钱厚葬一条狗一样，都是极其荒唐的行为。

9. 晏子谏杀烛邹

齐景公特别喜欢鸟。有一次，他得到了一只漂亮的鸟，于是派一个叫烛邹的人专门负责养这只鸟。可是几天后，那只鸟飞走了。齐景公气坏了，要亲手杀死烛邹。晏子站在一旁请求道："请先让我宣布烛邹的罪状，然后您再杀了他，让他死得明白。"齐景公答应了。

晏子板着脸，严厉地对被捆绑起来的烛邹说："你犯了死罪，罪状有三条。大王叫你养鸟，你不留心让鸟飞了，这是第一条。你使国君为一只鸟就要杀人，这是第二条。如果其他诸侯知道了这件事，都会认为我们的国君只看重鸟而轻视老百姓的性命，就看不起我们，这是第三条。所以，现在国君要杀死你。"说完，晏子回身对齐景公说："请您动手吧。"

听了这一番话，齐景公明白了晏子的意思。他干咳了一声，说："算了，把他放了吧。"接着，他走到晏子面前，拱手说："若不是先生您的开导，我险些犯了大错误啊！"

【古理今说】

因为自己的过失，烛邹把齐景公喜欢的鸟弄丢了。这本来是一件罪不至死的事，但齐景公却因为一时之气要杀死他。晏子在肯定烛邹有错在先的前提下，用讽谏的方式提醒齐景公不要滥杀人，一国之君因为自己的鸟丢了就杀人会成为诸侯的笑柄。齐景公从谏如流，也表现出了他对士人的尊重，招贤纳士需要的就是让士人体会到自己被尊重。

晏子的话其实是说，烛邹犯的过失还不至于被杀头，要是真的杀了烛邹，那齐景公就是“重鸟轻人”，就会失信于天下人，甚至失掉民心。如果真的如此，那就是舍本逐末，得不偿失了。

10. 晏子谏祷雨

齐国天旱已经很长时间了，齐景公把群臣召集到一起，征询他们的意见：“这天已经很久没下雨了，庄稼干死了，老百姓都在饿肚子。我已经卜了卦，作祟的鬼怪藏在高山上和河水里。我准备花些钱，祭祀山神，你们看可以吗？”

晏子谏祷雨

众臣没有回答。晏子站出来说："我认为不能这么做，祭祀山神没有什么益处。山神以石为身，以草木为发，天久不下雨，头发将要被烤焦，身体也暑热难当，难道他就不想下雨吗？他自身尚且难保，祭祀他又有什么用呢？"

齐景公又说："那我们就祭祀河神，可以吗？"

晏子回答："也不好。河神以水为国，以鱼鳖为臣民，天久不下雨，泉水将断流，河川也要干涸，这时他的国家将要消亡，他的臣民将会干死，难道他就不想要雨水吗？他也自身难保，祭祀他又有什么用呢？"

【古理今说】

天久不下雨，齐景公想通过祭祀山神、河神的方式来去祸消灾，而晏子劝谏他：重在得人心，鬼神才保佑，否则祭祀祈祷是无用的。晏子明白，山河缺水，祭祀是没用的，况且祭祀的费用还得向百姓征收，最后会弄得怨声四起，民不聊生。当然，晏子并不是完全不信天命鬼神，但是他能把民心放在天意之上，规劝统治者重视民心，这就已经是非常难能可贵了。

设若没有了民心，天意又何在呢？

11. 齐景公不恤死尸，晏子谏

齐景公出游寒亭途中，看到路边有腐烂的尸体，却默不作声，视而不见。晏子上前进谏道："过去我先君桓公出游，看到饥饿的人，就给他食物；看到有病的人，就周济他钱财；税捐不超过他们的负担，不使他们过分劳碌。所以，一旦先君出外巡游，百姓们便非常高兴，都说：'国君会不会到我们家乡来巡视呢？'"

"现在，君王您出游寒亭，方圆四十里的人拿出他们所有的钱财，还不能满足您的需求；他们尽最大的努力，也没法完成规定的劳役。百姓饥寒交迫，田野里有饿死的人，路边也有很多腐烂的尸体。这些情况，君王却熟视无睹，不闻不问，实在有失先君之道啊！"

"再进一步说，一旦老百姓民穷财尽，气衰力竭，下情蒙蔽，不能达于上；国君骄傲舒泰，奢侈淫逸，上情壅塞，无法宣导于下；上下离心离德，君臣无亲，这正是夏商周三代由盛而衰的原因啊！如今，君王不但不加警惕，还步他们的后尘，只怕最后是亲痛仇快啊！"

齐景公听了猛然警醒，说道："先生讲得很对，在上的国君忘记了下民的痛苦，厚加聚敛而不顾人民负担，我的罪过太大了。”于是，齐景公派人掩埋了路边的尸体，发放赈灾的粮食，并且下令免除寒亭方圆四十里的人民一年的徭役。

从此之后，齐景公决定三个月之内不再出外巡游，闭门思过。

【古理今说】

齐景公路见腐烂的尸体，竟然不闻不问，身为君王，见百姓受苦却无动于衷，实在有失君王之道。因此，晏子力谏，使齐景公能够生起呵护百姓之心，体恤民生疾苦。这不仅是齐景公的福气，也是百姓之福。

见到君王有失，马上进谏，这是晏子的忠贞；进谏又能合情合理，使齐景公接受，这是晏子的智慧与才能。身为下属，晏子担负了劝谏君王的责任；身为百姓的父母官，晏子又能关心百姓疾苦，晏子可谓尽到自己的本分了。

郑板桥有诗云：“衙斋卧听萧萧竹，疑是民间疾苦声。些小吾曹州县吏，一枝一叶总关情。”作为人民的公仆，对人民群众的疾苦要有这样的情怀，要有仁爱之

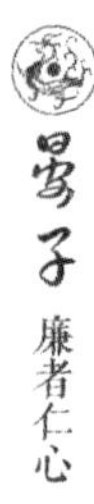

心、关爱之心，切不可面对民生疾苦无动于衷，面对群众困难沉默无言，失掉本心、失掉民心。

12. 假脚成为抢手货

齐景公在位时，刑律繁多而严苛，许多人遭到被砍脚的处罚。面对这样的苛政，晏子想进谏，却又担心和齐景公正面交锋，效果会适得其反。

有一天，齐景公问晏子："你住在市集附近，知道什么东西贵，什么东西便宜吗？"

晏子觉得机会来了，于是说："当然知道。假脚贵，鞋子便宜。"

"为什么？"齐景公大惑不解。

晏子告诉齐景公，因为犯了大小不等的错而被断脚的人比比皆是，鞋子对他们来说，派不上用场，不如假脚来得实用。

齐景公听完哭笑不得，于是下令减轻刑戮。

【古理今说】

按照常理，假脚和鞋子相比，肯定是鞋子卖得多，卖得贵，假脚卖得少，卖得便宜，但事实却恰恰相反，假脚卖得多而贵，鞋子反而卖得少且便宜。假脚为什么成为抢手货？因为齐景公在位时，刑律繁多而严苛，许多人遭到被砍脚的处罚。这一方面反映了刑法的严苛，另一方面也促使当政者要从民生的角度出发制定适当的刑罚措施。

从重民、爱民的思想出发，晏子主张减轻刑罚，反对滥杀无辜。他明确提出了处罚的原则，即“弛刑罚——若死者刑，若刑者罚，若罚者免”，也就是说，该判死刑的人以肉刑代替，该受肉刑的人以罚款代替，该受罚款的人就免予处罚，总而言之，就是罪减一等。晏子这样做，无疑是出于对百姓的爱护。

13. 齐景公春夏游猎

齐景公于春夏期间出游打猎，还为此修建高台，给百姓增加了不少劳役。晏子劝谏道：“在春夏季节大兴土木，再出游打猎，会侵夺百姓的农耕时机，导致国家空虚，不能这样啊！”

齐景公说：“我听说国相贤明则国家大治，臣子忠心则主上安逸。我年岁大了，想好好地享受一下，你还是不要说了吧。”

晏子回答说：“从前，周文王不敢流连于狩猎之乐，所以国家昌盛，百姓安定。楚灵王不解除乾溪的劳役，建造豪华的高台，所以百姓背叛了他。您现在如果不改正，就将危害国家，且被各诸侯国耻笑。我听说忠臣不怕死，劝谏不避获罪。您如果不听我的劝谏，那我就要离开您了。”

齐景公听后忙说：“好的，好的，我解除这些劳役。”没过多久，他就解除了那些劳役，自己也回朝去了。

【古理今说】

齐景公喜欢出游打猎，大兴土木，修建高台，为此增加徭役，百姓负担很重。当晏子说春夏期间正是农耕农忙季节，这样做不合适的时候，齐景公以年事已高想随心所欲为由，拒绝晏子的劝谏。晏子以周文王和楚灵王为例，正反对比，最终说服了齐景公。

在晏子的心目中，社稷为重，民心为重。再看现在，晏子那个时代的不良风气是否也存在呢？借公务之名外出旅游，生活奢靡腐化，等等，公仆的身份变成了享受

齐景公春夏游猎

的借口，为民的理念抛诸脑后，久而久之，就会失掉民心，失掉百姓的信任。如果心怀为民之心，经常下基层调研，了解百姓疾苦，关心百姓利益，必能赢得民心。

“知屋漏者在宇下，知政失者在草野。”作为党员干部，不能假公济私，而应该密切联系群众，深入基层开展调查研究。只有这样，才能了解情况，发现问题，找准推动工作的切入点和着力点。要拜群众为师，虚心向群众请教，学习人民群众的优良品德，学习人民群众的务实作风，学习人民群众的朴素情感。

14. 齐景公出游

齐景公要出游，问晏子：“我想到转附、朝儛两座名山上去游览，然后沿着海边南下，一直到琅琊山。我该怎么做才能与古代圣王的外出巡游相比呢?”

晏子说：“您问得太好了，我听说天子到诸侯那里视察叫巡狩，诸侯去朝拜天子叫述职。春天视察耕种情况，补助穷困的人家，叫巡视；秋天视察收获情况，补助歉收的农户，叫检查。夏朝时的谚语说：‘我们的君王不出来巡视，我们怎能得到休息？我们的君王不出来巡视，我们怎能得到帮助?’君王出去巡视、检查，是诸侯的法度。可是现在却不是这样了，君王一出来，就兴师动众，从百姓那里筹集粮草，使饥饿的人没有饭吃，劳作者得不到休息。顺着水流泛舟而下玩乐以至忘记了返回的叫作流，逆着水流而上玩乐以至忘记了返回的叫作连，整天外出打猎不知满足的叫作荒，毫无节制大饮其酒的叫作亡。古代的圣贤君王都没有这种流连荒亡的行为。”

齐景公说：“说得好啊。”然后，他让官吏查点仓库里粮食的数目，查点老弱病残以及穷人的数目，并照数目分发粮食。

【古理今说】

齐景公喜欢到处游玩，问晏子怎么做才能效法先王的出游盛举。晏子说，先王出游是为了视察春耕秋收，帮助百姓；而齐景公出游纯粹是为了纵情玩乐，扰民劳民，与先王不同。

作为人民公仆，在深入基层调研时，要时刻把人民群众的安危冷暖放在心上，深怀爱民之心，恪守为民之责，善谋富民之策，多办利民之事，倾听群众呼声，关心群众疾苦。

第二章　勤政廉洁，持身立节

在古汉语中，“廉”的本义是“堂隅”，“堂”是堂屋、正屋，“隅”是角落、侧边。堂屋，方方正正；堂屋的侧边，棱角分明。其引申义就是方正、高洁、清白、公平。“廉”字由“广”“兼”组成，含“普遍兼顾”之义，又可引申为公正、无私。政，指行政，就是行使国家权力的管理活动。“廉政”一词最早见于春秋时期，晏子是中国历史上第一个提出“廉政”概念的人。他作为社稷之臣，以一心事三君，而“进不失忠，退不失行”，“不苟合以隐忠”，“不持利以伤廉”，一生勤勤恳恳治政，清清白白做人，清正廉洁，安贫乐道，持身立节，成为历代做官者的楷模。

晏子之所以为人高洁、治政有方，根本原因就在于他深明君子之大义，行治世之正道，急人民之所急，处富贵而不骄奢，勤政廉洁，清正为民。

晏子认为，“廉者，政之本也”。晏子相齐三年，“政平民说（悦）”。齐景公多次赐赏封地、财物，都被晏子拒绝了。尤其难能可贵的是，他居相位而不傲民，爱妻子而不另娶，正官德而无邪性。

历史上，齐景公与晏子有段著名的对话。齐景公问晏子：“廉政而久远，它的行为像什么呢?”晏子回答说：“它的行为就像流水一样。”晏子以流水来比喻廉政长久，清纯如水。

晏子一生守为官之德，行为臣之道，以治国为要务，以爱民为先，以苟行为耻，堂堂正正，政绩突出，清明廉洁，有德有节。他的德行、功业成为历代为官者学习的楷模，当然也使历代贪官污吏显得卑鄙渺小。

廉洁不仅是一种崇高的精神，也是一种战无不胜的力量，是胜利之本。美国记者斯诺在 1936 年秘密访问延安时，被共产党人的清贫、廉洁作风所感动。他断言，这种作风将会产生一种伟大的力量，他把这种力量称为“东方魔力”。1949 年，国民党政权即将崩溃之时，时任美国驻华大使司徒雷登对国民党的军官说：“共产党战胜你们的不是飞机大炮，而是廉洁，是靠廉洁换得的民心。”作为当今的党政领导干部，应当以晏子为镜，对照、检查自己的行为，勤勉做事，克己奉公，廉洁持节。

1. 晏子治东阿

齐景公派晏子管理东阿，晏子受命前往。不曾想，晏子到东阿三年后，竟声名败坏，国人皆知。

消息传到齐景公耳中，齐景公非常不高兴，召晏子回来，当面训斥说：“寡人以为，以你的才能，治理东阿不在话下，所以派你前往，可如今东阿却乱得不像样子，你回去好好反省一番，寡人要重重地责罚你！”

晏子见齐景公大为不悦，并没有作任何解释，只是作礼谢罪道：“晏婴知道自己的过错了，请再给臣一个治理东阿的机会，三年之后，声誉必致全国，若仍不能治好，臣情愿受死。”

齐景公听了晏子的话，内心也有所不忍，便再次派他治理东阿。

又过了三年，晏子的好名声果然享誉全国。当晏子前来献上赋税簿时，齐景公非常欢喜，亲自迎接晏子。

晏子作礼朝拜，齐景公向晏子致贺并赞赏道："你将东阿治理得真好啊！"齐景公要奖赏晏子，然而晏子却婉言谢绝，不肯接受。

齐景公感到很奇怪，问他为什么不肯接受赏赐。晏子这才向齐景公作礼答道："以往三年，晏婴在治理东阿时，修路架桥，严肃法纪，打击盗贼，所以让淫邪放逸之人厌恶；奖励勤俭孝悌，处罚偷盗懒惰，于是遭懒惰成性之人厌恶；判决讼案，不避贵族强权，故受强权贵族厌恶；左右之人及近侍者有所请求，合法就答应，违法就拒绝，故左右近侍不悦；侍奉贵人谨守礼节，不越礼犯分，因此也使贵人不悦。如此，淫邪放逸之人、懒惰成性之人及强权贵族，都对晏婴不满，在外毁坏臣的名声；而左右近侍与贵人又在朝内败坏臣的声誉，所以三年来，弄得臣恶名昭彰，国人皆知，传至国君。"

"近三年，我改变了以往的做法，不修道路，延缓建设；不奖励勤俭孝悌，也不处罚偷盗奸邪；判决讼案，尊重权贵意见。因此，淫邪之人、懒惰之人及强权

贵族高兴了，在外对臣大加赞誉。左右近侍有所请求，一律答应，前来贿赂也不拒绝；加重赋税却少纳仓库，媚事君王左右，阿谀权贵，左右近侍与贵人们也欢喜，在朝内对臣大为称颂，臣的善名美誉便传于内外。”

“可看看过去，晏婴治理东阿时秉公守礼，救济贫民，百姓没有一个受冻挨饿的；而今臣之所为，却使民无积贮，过半百姓食不果腹。原本臣应受奖赏，君王却恼怒，欲加严惩；现今臣应被杀头，您却亲自相迎，向臣道贺。臣实愚昧不明，不能再治东阿，愿乞骸骨回归故里，让位于贤者，怎敢再接受君王的赏赐啊！”

说完，晏子向齐景公郑重地拜了两拜，准备离去。

齐景公听后颇为震惊，见晏子要走，连忙起身说：“先生您就勉力再治理东阿吧！东阿是先生的东阿，寡人不再干预了。”

自此，齐景公知道了晏子的贤德，于是重用他来辅佐国家大政，三年后齐国大兴。

【古理今说】

齐景公派晏子治东阿，前三年，晏子可谓尽忠职守，但全国上下没有不骂他的；又过了三年，全国上下齐声赞誉晏子政绩卓著。其实呢，晏子这后三年的工作不如前三年出色，甚至还徇私枉法，欺下媚上。

晏子之所以这样做，无非是用事实劝诫齐景公，考察下属是否尽职尽责，不要以众人是为是，以众人非为非，而要力求客观公正。怎样才能做到客观公正，不再出现名实不符的偏差呢？没有调查，就没有发言权。这就要求领导干部深入实际，广泛调查，不偏听偏信，不轻易下结论，不凭想当然，不乱扣帽子，一切从实际出发，作出公正客观的评价。

2. 晏子劝齐景公罢酒

齐景公喜好饮酒，有一次兴致很高，竟喝得酩酊大醉，三天后才清醒下床。

晏子觐见齐景公时，问候道：“君王饮酒过量，身体不适吗？”

齐景公回答：“是的。”

晏子劝谏道：“古时饮酒，只要能达到宾主互通友好，聊以联络感情就够了。因此，男的不群聚宴饮以妨害农事，女的不群聚宴乐以妨害女红。若男女聚会宴饮，也是遵守往来之间酒不过五巡的礼节，若有超过，就会受到责罚。”

“君王能身体力行，对外则无积压不办的公事，对内也无昏聩败德的行为。可如今君王一日饮酒，而三日沉睡，国家政事废弛于外，左右近臣败坏于内。对于平常那些作奸犯科，因畏惧刑罚而自我约束的人，等于帮助他们去为非作歹；而那些以赏誉相劝，洁身自爱的人，反而缺乏了积极为善的动力。”

“在上如离德悖行，为民便不重视赏罚。德行既不足观，赏罚又失去作用，事若至此，就丧失掉立国的原则了。但愿我君能节制不良嗜好，身服礼义，以德化民才是啊！”

听了晏子的劝说，齐景公也知道饮酒应适度。可后来，齐景公因为贪杯，饮酒七日七夜不止。大臣弦章见齐景公沉于酒乐，不务国事，不免心急如焚，于是到齐景公面前直言相谏道：“君王饮酒已七日七夜，愿君王能立即罢酒，不然，请赐章一死！”

听到如此强烈的劝谏，齐景公不免心中不悦，只是未立即发作。

晏子很适时地入见齐景公，齐景公便对晏子说：

晏子劝齐景公罢酒

"弘章劝我说：'愿君王能立即罢酒，不然，请赐章一死！'如果寡人听了他的话，就等于是受制于臣子了；如果寡人不听他劝而赐他一死，又于心不忍。"

晏子听了齐景公的话，便说："幸亏弘章遇到了像您这样的国君，假若遇到的是夏桀、殷纣，说不定他早就活不成了。"

齐景公一听此话，深知自己的一言一行都将影响深远，一不小心便声名败坏，也与桀、纣为伍，于是心领神会，不但不加罪于弘章，自己也罢酒不饮了。

【古理今说】

嗜酒有许多危害，齐景公一日饮酒而三日沉睡，不仅有伤身体，也误了国事。为国君者不能自我节制，上行下效，恐怕人民会更加放纵。于是，晏子深加劝导，希望齐景公能有所节制，以为民之表率。然而要改掉一些不良习气并不容易，在齐景公贪杯连续七日饮酒不止时，大臣弘章更是以死相谏。齐景公身边有这样的忠臣志士，的确是他的福气。

世人皆有所好，各有其乐，实乃常情。健康向上的个人爱好，能陶冶情操，修身益智；若痴迷于不良嗜好，沉溺无度，则危害大焉。细究当前一些落马贪官的腐败轨迹，不难发现他们或多或少都有不良嗜好，其身败名裂的下场，可谓触目惊心！因此，面对多彩世界光怪陆离的各种诱惑，各级党员干部要从生活作风着手，全面抓好自身建设，多培养健康、积极、有益的爱好，自觉抵制各种不良嗜好，抵制各种糖衣炮弹的攻击，真正做到立党为公，执政为民，让优良的党风、政风影响和带动良好的社会风气。

3. 齐景公不恤天灾，晏子劝

齐景公当政之时，有一次，大雨连绵下了十七天之久。很多人家房屋倒塌，无处栖身，缺粮少衣，忍饥受寒，处境十分艰难。然而，齐景公得知灾情后，竟未去救助百姓，仍然大吃大喝，夜以继日地饮酒赏乐。

晏子见百姓蒙受灾难，心急如焚，马上呈请齐景公发放积粟救济百姓，让百姓可以安稳地渡过难关。但晏子再三恳请，齐景公仍然不肯答应，并且在如此危难之时，还派遣一位名叫柏的近臣，去全国物色能歌善舞的人。晏子听闻此事后，内心很感慨，也很不高兴。为了能帮助受灾的人，他就将自己府内的粮食分给灾民，又提供自家的工具任他们使用，尽最大的能力帮助灾民。

安排妥当后，晏子没有叫车夫赶车，而是自己步行去觐见齐景公。晏子作礼说："淫雨绵绵，已经下了十七天！每乡都有数十幢房屋倒塌，每里都有好几家没有饭吃。老弱妇孺们在天寒地冻之时，却得不到粗布的衣服挡寒，肚子饿了也找不到粗劣的食物充饥，如今又逢墙倒屋塌，无家可归，真是四顾茫茫，哭天无泪。然而，君王不但不体恤民情，还日夜饮酒，派遣柏巡行国中，找能歌善舞的人。在宫中，马喂的是内府的粮食，狗喂的是牛羊肉，三宫的妻妾更是锦衣玉食。两者相比较一下，马、狗、妻妾的待遇，不是太优厚了吗？对待平民百姓，不也太刻薄了吗？试问，乡里之间，到处是饥寒交迫、穷困无告的灾民，君王怎么还有心情去饮酒作乐呢？晏婴持策书事，随百官供职于朝廷，辅佐君王安邦利民，结果竟使人民饥饿穷困，求告无门，君王又沉湎酒乐，不体恤灾民，晏婴的罪过实在是太大了！"

于是，晏子很恭谨地向齐景公请辞，要回乡归田，说完后，就起身很快地离开了。

齐景公听了晏子这番肺腑之言，内心很惭愧，见晏子离去，马上跟着跑出来，希望能挽留住晏子。可是，雨天路滑，泥泞难行，齐景公怎么跑都赶不上晏子。他担心晏子离去，立即唤侍从赶上马车，追到晏子家中。

齐景公到了晏子家中，却没有看到晏子，只见晏子府内的粟米都被灾民拿走了，荷担的工具还横七竖八地放在路边。于是，齐景公又驱车追到十字路口，这才赶上了晏子。

看到晏子，齐景公便走下车来，快步走到晏子面前说："寡人有过，先生背离而去，不加援助，寡人虽然不足以有所作为，然而先生能不以天下苍生为念吗？还望先生能留在寡人身边，寡人愿将内府所藏的粟米财货，送给灾民，数量多寡，全听先生吩咐。"齐景公在途中便请晏子复职，晏子于是又返朝复职。

晏子回到朝廷后，首先派遣官员禀去巡视灾民，凡有衣无食之家，发给一个月的粮食；无衣无食的，发给一年的生活费用；没有木柴烧火的，发给薪柴以供炊灶，让他们都能够挨过淫雨的天气。其次，又派遣柏去巡视灾民，凡房屋倒塌不能避雨的，发给救济金。对于缺钱少用、告贷无门的贫户，限三天之内调查完毕，如有玩忽职守，不能克期完成的官吏，将治以抗令不遵之罪。

齐景公此时也坐镇朝廷，亲自指挥，督促大臣，自己每日三餐，减肉撤酒，又下令马不得饲米粟，狗不能吃肉粥，并削减对左右嬖幸的赏赐。

三天时限一到，所有官员都如期完成任务，前来报告此次救灾的成果：计贫民总数一万七千家，用粟九十七万钟，木柴一万三千车；房屋倒塌的二千七百家，发放救济金三千镒。

此后，齐景公又减去一些膳食，不设琴瑟，不陈钟鼓，与灾民共度这段艰难时光。后来，齐景公又依晏子的谏议，罢黜左右的嬖幸及能歌善舞、懈怠思乐之人三千余名。救灾工作到此算是圆满结束了。百姓非常欢喜，感念国君的恩德，上下齐心，安稳地渡过了难关。

【古理今说】

大雨连绵，百姓受灾，缺衣少食，求告无门，然而齐景公却饮酒作乐，不理会晏子的再三请求，还派人去寻访能歌善舞之人，如此做法，着实令人无可奈何。当此百姓危难之际，晏子见国君不肯发放救济粮食，便将自家的粟米提供出来，帮助受灾的人，然后步行去向齐景公请求辞职。

在其位，谋其政。当晏子看到自己没有办法为老百姓谋取福利时，他没有怨天尤人，而是反求诸己，认为是自己做得不够好，没有尽到自己的职责，用辞去职务的行为来引发齐景公的反思。他一颗为国为民的赤诚之心，的确令人感动。那我们在自己的职位上，是否也如晏子一般尽职尽责呢？

看看晏子，再看看现实中有的领导干部，他们的表现不是很让群众满意。有的党员干部得过且过，工作平庸，无所作为，做一天和尚撞一天钟；有的党员干部精神萎靡，思想保守，怕担风险，满足于看摊守业；有的党员干部弄虚作假，欺上瞒下，工作不实，编造假数据，制造假政绩；有的党员干部高高在上，脱离群众，对基层的情况不了解，对群众的冷暖不关心；有的党员干部贪图享乐，追求低级趣味，忘记了自己人民公仆的身份。这些都是缺乏责任心的表现。当然，这样的干部毕竟是极少数。

作为党员干部，无论职位高低，无论身处何地，最根本的是要牢记自身担负的责任，最关键的是要履职尽责。责任是一种职责，一种义务，一种使命。

4. 正己化人

齐灵公有一个嗜好，喜欢看后宫女子女扮男装。因此，后宫女子常身穿男子的服饰。这样的装束竟很快流行至宫外，全国的女子都竞相效仿，纷纷穿上男装，穿行于大街小巷，一发而不可收拾。

齐灵公得知此情形后，非常惊讶，担心此风会盛行不止，于是立刻派遣官吏监督，并明令禁止道："凡是女子穿着男子服饰的，就撕破她的衣服，斩断她的腰带。"齐灵公希望能以此制止这一风气。

官吏们每日到街上巡视，衣服被撕破的人不少，可是女子穿男装的风气却仍屡禁不止。齐灵公为此大伤脑筋，却又想不出办法来整治。

晏子得知此事后，觐见齐灵公，齐灵公便向晏子请教道："寡人下令严禁女子身穿男装，倘若如此装扮，就派遣官吏撕破她的衣服，斩断她的腰带。然而，如今被撕破衣服、斩断腰带的人为数不少，可此风气仍不能遏止，到底是何缘由呢？"

晏子回答说："君王在宫内任凭女子作男子装扮，

不加制止，对外却禁止百姓如此装束，这就犹如悬挂牛首于宫门口，却卖马肉于宫内啊！君王可先禁止宫内女子穿着男装，则宫外自然就不敢如此了。”

齐灵公一听，恍然大悟，于是下令宫内女子不得再穿男装，结果不出一个月，全国上下就再也没有女扮男装的现象了。

【古理今说】

一国之君的个人嗜好，往往会产生一种强大的示范导向作用，引得百姓竞相效仿。看似是个人小节问题，实际上是关系到政风民风和国计民生的大问题。倘若不能正确对待，肆意放纵，就会因此失去民心，甚至国破家亡。

古人云：“上有所好，下必甚焉。”又说：“好船者溺，好骑者堕，君子各以所好为祸。”作为领导干部，如果一味沉溺于自己的嗜好中不能自拔，那将是非常危险的。现实生活中，的确有少数人为了达到自己不可告人的目的，多方找人打探领导的嗜好，以投其所好，拉拢下水。你爱好吃喝，就有人投以美酒佳肴；你喜欢吹捧，就有人巧言令色，甜言蜜语；你喜欢豪赌，就有

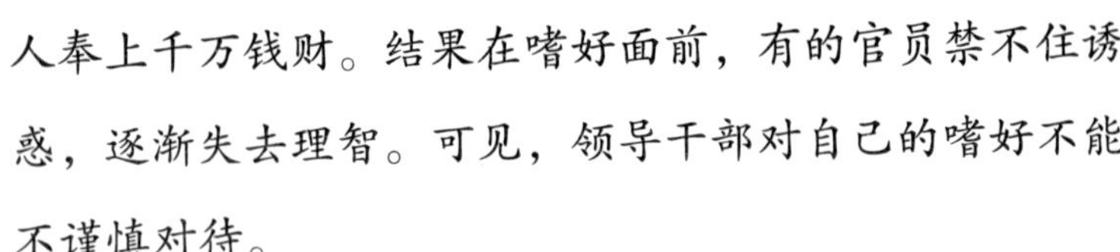

人奉上千万钱财。结果在嗜好面前，有的官员禁不住诱惑，逐渐失去理智。可见，领导干部对自己的嗜好不能不谨慎对待。

人之所好，有优劣之分，有高雅庸俗之别，在一定程度上，能反映出一个人的价值追求和思想境界。作为领导干部，务必要常修为政之德、长戒非分之想、常怀律己之心，注重培养健康的生活情趣，保持高尚的精神追求，正确选择个人爱好，对于那些投其所好之人，要保持高度警惕，明察慎对。

5. 齐景公欲无为礼

有一次，齐景公设宴与群臣共饮。酒宴上，君臣彼此祝酒，喝得兴起之时，齐景公突然心血来潮，把手一摆，对着众臣子说：“今日寡人愿与诸位喝个痛快，请各位不必拘礼。”说完，齐景公便乐呵呵地笑了起来。

晏子一听此言，马上显出不安的神色来，向齐景公道：“君王所言差矣！臣子们自然是希望国君能不拘礼数，但力多足以战胜长上，勇多足以杀害国君，而礼数却可以约束这些行为。”

“禽兽靠着自己的力气彼此攻击，以强欺弱，胜者为王，所以它们经常更换头领。如今君王希望群臣不必拘礼，就形同禽兽了。倘若人形同禽兽，群臣仗着自己的力气去互相攻击，以强大欺凌弱小，经常更换领袖的话，试想，君王您又怎能安于其位呢？”

“人之所以高贵于禽兽，正是因为有礼啊。所以，《诗经》中说：‘人而无礼，胡不遄死。’人如果不讲求礼，那还不如早点死掉得好。由此可知，礼是不可或缺的啊！”

晏子劝得恳切，然而齐景公沉迷于杯中之物，正有兴致，听到晏子的话，反倒觉得扫兴。因此，齐景公对晏子的劝告背而不理，好像没有听到似的。

晏子见齐景公不答，也没有再强作解释，君臣又继续饮酒作乐。过了一会儿，齐景公因事离席，晏子竟然不起身恭送；等到齐景公由外入座，晏子又不起身相迎；在交杯互敬时，晏子更是抢先饮酒，好似齐景公不在场。齐景公见晏子如此无礼，而且一而再，再而三，不禁气恼起来。终于，齐景公忍无可忍，脸色大变，握紧双手，怒目而视，责问晏子道：“刚才先生还教寡人，人之相处不可以无礼，但寡人出入席次，你不起身

齐景公欲无为礼

迎送，交杯敬酒时，你又抢先来饮，这难道合礼吗?”

晏子听了，立即离席起身，非常有礼貌地稽首答道：“晏婴怎敢忘记刚才对君王讲的话呢?臣只不过是用行动来展示无礼的样子罢了。君王若要不拘礼数，就是这个样子啊!”

齐景公这才明白晏子的用意，心中很感慨，于是惭愧地说：“这样看来，的确是寡人之过啊!先生请入席，寡人听从先生的谏言就是了。”酒过三巡之后，齐景公便依礼结束了这次宴饮。

自此以后，齐景公锐意革新，整饬法纪，修明礼乐。不久，不仅国家政务走上了正轨，百姓们安居乐业，社会秩序也更加有条不紊了。

【古理今说】

齐景公请群臣开怀痛饮，不拘礼数。可想而知，齐景公是希望臣子们能尽情欢乐，不受礼节的束缚。能如此下令，表明齐景公也有一颗关爱臣子的心。然而，齐景公只是希望臣子们能开怀畅饮，却没有想到臣子们不拘礼数将会带来严重的后果。

古代的“礼”，包括一系列的制度和规定，既是人际之间相互交往的准则，又是社会的一种意识观念。齐景公不拘礼数，实际上是带头破坏了社会的制度和规矩。汉代刘向曾在《说苑》中提到："患生于所忽，祸起于细微。"祸患的发生大多是因为初期的怠惰和松懈。凡事于初始时，若不能对存在的隐患防微杜渐，恐怕就像"千里之堤，溃于蚁穴"那样，一点一点地被隐患消磨殆尽，祸患也就产生了。一旦祸患产生，只怕届时兵败如山倒，就难有挽回的余地了。

没有规矩，不成方圆。国有国法，家有家规。就今天来说，只有领导干部带头遵守制度，营造制度发挥作用的良好环境，才能带动各级党员干部自觉形成以制度管权、管事、管人的良好风气，才能不断提高制度执行力，增强制度实效，从而不断将党风廉政建设和反腐败斗争引向深入。

6. 齐景公畋猎不归

有一次，齐景公前往署梁打猎游玩，过了十八天还不回来。晏子于是从国都临淄起程，前往觐见。一路旅途颠簸，晏子的衣冠也不正了。到了署梁后，晏子看到齐景公围猎的旌旗，既没稍加休息，也没换洗整理，就奔过去拜见齐景公。

齐景公见晏子匆匆赶来，便下车问他："先生为何如此匆促，莫非国家发生了什么急事吗？"

晏子回答道："虽然没有发生什么急事，不过，请容微臣向您禀报：国人都以为君王您耽于游猎而不安于国事，喜欢禽兽而不爱子民了。像君王您现在畋猎十八天不归，怕是不可以吧？"

齐景公诧异地问："为什么呢？难道是讼案办理得不妥善吗？让泰士子牛处理就可以了。是社稷宗庙不按时祭祀吗？让泰祝子游处理就行了。是诸侯宾客不应对往来吗？有行人子羽在呢。是田野土地不开辟、仓廪府库不充实吗？有申田方面的官员办理就好了。至于如何使国家在各方面损有余以补不足，有你在就行了。寡人有你们五位大臣，如同心有四肢。有四肢在工作，心就可以安逸了。同样，有你们五位大臣，寡人也就可以安逸了。这样难道不可以吗？"

晏子听后，回答道："晏婴所听到的，与君王的说法不同。心有四肢而得以安逸，还勉强可以；假若四肢失去心的领导十八天，那不是太久了吗？"

齐景公听了晏子的话，觉得很有道理，便立即下令停止畋猎，整装而归。

【古理今说】

齐景公外出畋猎，乐而忘返，游玩了十八天还不归朝。虽然朝中有值得信赖的大臣辅助，但国君也有国君的职责所在。俗话说："国不可一日无君。"君王在朝，民心才得以安稳。

齐景公以为凡事有人代劳，自己便可以高枕无忧，就像有了四肢，心便可以安逸，却不曾想，心乃四肢之主，失去了心的领导，四肢怎能很好地配合呢？文武百官长时间失去君王的领导，恐怕就会人心涣散，分崩离析，对于国家的长治久安而言，是非常危险的。

晏子高瞻远瞩，知道长此以往的危害，于是马不停蹄地前往劝谏，其忧国忧民之心尽显。由此也可见晏子的忠诚，他忠于国家，忠于人民，忠于自己的职分。他劝谏君王，言辞中肯而真切，短短几句话，便使齐景公看到了自己行为的危险性，足见晏子的智慧与远见。而齐景公在嗜欲正浓之时，却能从谏如流，也不愧为明理之人。

7. 齐景公问欲令祝史求福

齐景公问晏子："我最近精神有些衰退，身体疲惫极了。我打算准备好珪璧和牛羊猪等祭品，让祝官宗官敬献给天帝和祖宗神灵，祭祀求福，可以吧？"

晏子回答道："我听说，古代君王求福的时候，政治必定符合民心，行为必定顺应神意。修建宫室有节制，不敢大量砍伐树木，以便不毁灭山上的林木；饮食有节制，不频繁打猎捕鱼，以便不毁灭林中的野兽和河中的鱼类。祝官宗官祭祀神灵时，只是悔过，不敢求福。因此，神灵和百姓都顺从君王的意愿，高山与河流都献出自己的财富。现在您政治违背民心，行为违背神意。宫室修建得高大，大量砍伐树木，因而毁灭了山上的林木；饮食丰盛，频繁地打猎捕鱼，因而毁灭了林中的野兽和河中的鱼类。因此，神灵和百姓都很怨恨，高山与河流都收回了自己的财富。司过官列举出您的过错来，而祝官宗官却为您求福，我想这是互相矛盾的吧！"

齐景公说："假如没有先生您，我就听不到这些道理，请允许我改变自己的思想和行为。”于是，齐景公打消了去公阜游玩的想法，下令停止进献海味，砍伐树木按一定的季节，打猎捕鱼有一定的数量，住处饮食有节制，不过分豪华奢侈。祝官宗官祭祀的时候，只向神灵悔过，不敢求福。因此，邻国都敬畏齐景公，百姓都来亲附齐景公。

【古理今说】

怎样才能求得福报，要靠向老天敬献祭祀吗？面对齐景公的询问，晏子给出了明确的回答：古代君王求福的时候，政治必定符合民心，行为必定顺应神意。凡事要有度，不能过度修建宫室，以便减轻老百姓的徭役；不能过度砍伐树木，以便保持生态平衡；饮食要有节制，不能大肆挥霍。总而言之，要顺应天道，也就是顺应民心，顺应自然之道，唯其如此，才能得到福报。

大道至简，齐景公求福的故事告诉人们，作为君王，做事要符合民心、人心，做事要有节制、有尺度。任何事情都是过犹不及。福报不是靠祭祀和祈求得到的，而是在做一切顺应天道、人道的事情中获得的。

8. 狱讼多，晏子谏

齐景公时，苛捐杂税很重，百姓不胜负担，故狱讼繁多。被拘捕的罪犯塞满了牢狱，怨恨的情绪遍布朝野。晏子苦苦相劝，齐景公不但不听，反而对晏子说："主持狱讼是国家的重要职务啊，希望先生来担任。"

晏子回答道："君王是叫晏婴整饬狱政，减少犯罪，以验惩劝之效吗？那么我有一妾，长于书记，请她便足以担任了。如果君王是叫晏婴让百姓们释怨窒忿，拥护君王，那只要派一官吏，把每家的租券献牍一把火烧掉就可以了。事实上，百姓是没人愿意败坏家庭生计，专门奉承暴君穷奢极欲的癖好的。"

齐景公听了，一脸的不高兴，说："整饬狱政，使一妾即可胜任；叫百姓释怨窒忿，把每家的租券献牍烧掉就可以。这样说来，先生就没有其他方法可以治理国事吗？"

晏子回答道："晏婴所闻与君王不同。现在以胡貉戎狄的人们养狗为例，他们每家多者养十余条，少者五六条，彼此互不伤害。但如果随便丢一块鸡肉、猪肉，

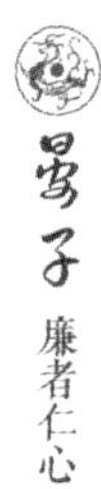

便马上可以看到它们争得骨折皮裂的样子。”

“君王如能实行仁德之政，下属能明白彼此相处的道理，则贵贱有等，不相侵犯。现在君王却以千钟之多的高爵厚禄，随意投诸左右人等。左右人等争夺的激烈，恐怕更甚于胡貉戎狄的走狗。然而君王高居君位，却还不知道这其中的实情。”

“一寸长的竹筒，如果没有底，就算用尽天下的粮食也装不满。当今齐国，男子耕田，女子织布，几乎夜以继日地辛勤工作，但全部所得，还不够缴纳苛捐杂税。而君王身旁都是些精工雕镂的饰物，这就是没有底的竹筒啊。一个五尺高的小孩，只要拿着一寸长的火种，即使用尽天下的薪柴，也不够它燃烧的。如今，君王左右的近侍们，可以说都是些玩火的人，君王却视而不见，无动于衷。”

“试想，钟鼓乐器，陈列成肆；戈干戚扬，组合成舞；乐声舞步，动人心弦。面对这些，纵使克勤克俭的大禹，也不能禁止人去观摩。况且增进了人的物质欲望，又严令大家耳朵不听、心里不想，就是圣人，也很难办得到啊！”

“更何况，剥削百姓的财产，使他们饥寒交迫；透支百姓的体力，使他们身心疲惫；如今又要严办狱政，狠狠地惩治他们的罪行，使他们受到痛苦的煎熬。长此以往，后果真是不堪设想啊！”

【古理今说】

齐景公在亲政之初，能虚心纳谏，认真听取晏婴等贤臣的建议，使齐国在短短的几年间便由乱入治。然而后来，齐景公却贪图享乐，贪杯好色，大造宫室，厚赋重刑，不恤民情，使得民不聊生，怨声载道。

齐景公如此贪爱民财，又要严加狱讼，晏婴担心长此以往，累积民怨，后果将不堪设想，于是一劝再劝。然而齐景公却不肯听从晏子的劝导，仍要晏子承担狱讼之政。晏子因而直截了当地告诉齐景公，整饬狱政，使一妾即可；去民怨，焚烧租券即可。齐景公听了大为不悦，可晏子仍不放弃劝谏之责，继续直陈利害，并且运用事例，巧妙地将其中的危害一一陈清。从晏子的劝谏中，我们可以看到，一旦放纵欲望，纵有再多的民财也耗不起啊！

作为君王，只有体恤民情，待民若子，才能得到百姓的爱戴。如果一味地用繁重苛责的狱讼来维护社会

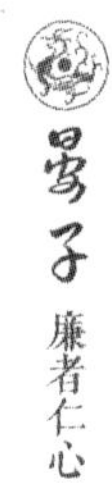

稳定，结果只能是适得其反。执政者施以仁德之政，使民安居乐业，知礼守法，自然可以使社会和谐稳定。

9. 家有老妻

晏子德才兼备，在齐国辅佐了三代君王。虽身居高位，俸禄丰厚，但他却朴素节俭，将多余的财物用来帮助亲族，对百姓体恤有加。而他对自己妻子的情意，更是令人称赞不已。

齐景公当政时期，晏子以自己的智慧德行，帮助齐景公治理朝政，深受齐景公器重。齐景公正好有一个心爱的女儿，年轻美貌，于是齐景公便想将女儿嫁给晏子。

一天，齐景公到晏子家中做客，喝酒到尽兴的时候，正巧看到晏子的妻子，便问晏子道："刚才那位是先生的妻子吗?"

晏子答道："是的。"

齐景公笑着说："嘻，又老又丑啊！寡人有个女儿，年轻貌美，不如嫁给先生吧。"

晏子听后，恭谨地站起来，离开坐席，向齐景公作礼答道："回君王，如今微臣的妻子虽然又老又丑，但

家有老妻

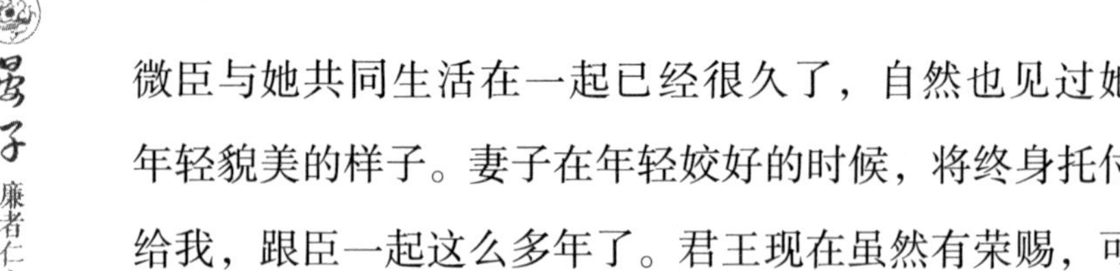

微臣与她共同生活在一起已经很久了，自然也见过她年轻貌美的样子。妻子在年轻姣好的时候，将终身托付给我，跟臣一起这么多年了。君王现在虽然有荣赐，可晏婴岂能违背她年轻时对臣的托付呢？”

晏子说完，又拜了两拜，委婉地辞谢了齐景公。齐景公见晏婴如此重视夫妻情意，便也不再提及此事。

有一次，田无宇到晏子家中，见晏子一人在内室，有一位妇人从屋内走了出来，头发斑白，穿着黑色的粗布衣服，十分俭朴。田无宇假装不知道，故意用讥讽的语气问晏子：“刚才从室内出来的那个人是谁啊？”

晏子礼貌地答道：“是我的妻子。”

田无宇看着晏子说：“您贵为中卿，一年俸禄可达七十万，为何还要老妻啊？”

晏子说：“晏婴听说，休掉年老的妻子称为乱，纳娶年少的美妾称为淫，见色忘义、处富贵就背弃伦常称为逆道。晏婴怎么能有淫乱的行为，不顾伦理，逆反古人之道呢？”

【古理今说】

夫妻携手，本应白头偕老，共度一生，又岂能在得势之时，抛下结发妻子而不顾呢？虽贵为齐国大臣，又遇君王亲自提亲，但晏子仍不愿违背伦常道德，委婉谢绝了君王的美意，其德行令人敬佩。

在晏子看来，感情生活是非常严肃的，坚持操守，既是考虑到自己的行为对社会产生的影响，也是对老妻的负责。

“其身正，不令而行；其身不正，虽令不从。”作为党员领导干部，自己的情操高尚与否、品行端正与否，直接体现了自己的人品、官品，也展示了我们党的形象和素质。如果我们的领导干部不注意修身，不注意养成良好的道德品格和高尚的情操，就不能服众，就不能发挥表率作用，就难以带领广大人民群众干事创业。古语云：“骄奢淫佚，所自邪也。”也就是说，骄傲、奢侈、淫荡、放纵是一个人变得邪恶的根源。在当时社会三妻四妾的大环境下，晏子尚能坚持糟糠之妻不可弃，在国君恩赐的美色面前不动心，不受诱惑，专心治家、治国，确实难能可贵。今天，我们党的领导干部更应该懂得“慎权、慎欲、慎微、慎独”，更应该知道怎样做一个情操高尚、品行端正的人。

古人云：“滋生骄逸之端，必践危亡之地。”这些

看似是生活作风问题，却可导致家破国亡，不可小觑。

10. 齐景公登路寝台不悦

有一次，齐景公要登路寝台，可因为台高坡陡，体力不济，还没走上台顶，就坐在石阶上休息了。齐景公觉得很辛苦，于是满脸不高兴地埋怨道："为什么造这么高的台子，叫人走起来疲惫不堪呢？"

晏子听后，便借机劝谏道："君王想要节省体力，就不喜欢台高，可既已下令建造高台，就不要怪罪别人。如今台高了有罪，低了也有罪，敢问如此要求人可行吗？古时君王建造宫室，目的是便于养生，不以奢侈为尚，故俭于己身，勤于为民。及至夏代衰微，其王桀悖德乱行，造璇宫玉阙；殷朝衰微，其王纣造琼宫灵台，都是极尽崇饰奢靡，以卑狭者有罪，高大者有赏，所以身及于难，落得国灭家亡的惨局。如今国君以台高有罪，台低也有罪，比之夏桀、殷纣，岂不更甚？百姓穷尽财力，却还不能免于罪过。晏婴深怕国家危在旦夕，而君王也不能安享太平啊！"

齐景公一听，有所领悟，说："你讲得没错，真是劳民伤财，毫无功劳，却又去抱怨他们，这实在是寡人的罪过啊！如非先生教诲，怎能守住国家呢?”于是，齐景公走下路寝台，再三拜谢，当日不再登台游乐。

【古理今说】

齐景公登台游乐，却因台高坡陡登不到顶，心中不悦，以至动气责人。然而，建造高台是齐景公的命令，如今嫌弃台高的也是齐景公。前后如此矛盾，的确叫人无所适从。

百姓辛苦营建路寝台，齐景公不但不体恤为此出财出力的百姓，还因为台高而埋怨人，那百姓听后会有何感受呢？不能体恤民心、体察民情，又怎能得民心呢?起初，齐景公并没有发觉自己的过错，还真的以为是路寝台建得太高了。待到晏子指出问题所在时，他才恍然大悟，也因此自我警醒，感谢并接受了晏子的劝谏。

11. 晏子之御

晏子任齐国相国时，一天他乘车外出，车夫的妻子从门缝中偷看，见自己的丈夫为晏子驾驭车马，坐在车上的大伞之下，挥鞭催马，趾高气扬，十分得意。

过了一会儿，车夫归来，他的妻子便要和他离婚。车夫莫名其妙，忙问妻子缘故。

他的妻子说："晏子高不足六尺，身为齐国相国，名扬天下。今天外出，我看他虽然胸怀大志，满腹韬略，却显得十分谦虚。而你身高八尺，不过是做人家的车夫，却神气十足，不可一世。所以，我不愿再和你一起生活了。"

从此以后，车夫便谦虚谨慎起来。

晏子见了，感到很奇怪，就询问车夫。车夫如实相告，晏子听了感叹不已，于是便推荐他做了大夫。

【古理今说】

晏子作为一国之相，可谓一人之下万人之上，位高权重，可他从不以高官自居，而是礼贤下士，谦虚平和，没有一丝一毫的骄傲之气，认为自己就是一个普通人，所以永远沉稳冷静。反观车夫，只不过是晏子的车夫而已，却趾高气扬，耀武扬威。两相对比，高下自然呈现出来。

这从一个侧面反映了晏子的为人风格，及其对他

晏子之御

人的影响。所以说，非凡之人的非凡之处，总是从其言谈举止中体现出来，并在无形中给人以教化。作为当今的党政领导干部，更应该规范好自己的言行，树立好自己的形象，给身边的人以春风化雨般的影响。

12. 晏子告老辞邑

晏子告老还乡之时，要把齐景公赏赐给他的封邑归还回去。齐景公说："自从先君丁公到现在，经历了那么多代，齐国大夫中还没有告老时退还封邑的。如今唯独您要退还，这就坏了国家的老规矩，是不可以的。"

晏子回答说："我听说，古代侍奉君王的人，会衡量自身来决定食禄，品德厚重就接受俸禄，品德微薄就退还俸禄。品德厚重而接受俸禄，是为了体现君王的圣明；品德微薄而退还俸禄，是为了使下属廉洁。我老了，品德微薄却接受优厚的俸禄，就掩盖了君王的圣明，玷污了臣子的品行，这是不可以的。"

齐景公不答应，说："先君桓公时，管仲为齐国忧虑操劳。当他告老时，先君桓公赏赐了他三处住所。如今先生您也担任我的相国，我想赐给您三处住所，难道不可以吗？"

晏子回答说："从前管仲侍奉桓公，使桓公的仁义高于天下诸侯，恩德遍施于全国百姓。如今我侍奉君王您，国家仅仅能同等于其他诸侯，百姓却集聚了很多怨恨，我的罪过太多了。可是您还要赏赐我，难道要让一个不贤德的父亲为他不贤德的儿子接受优厚的奖赏，以损害国家、百姓的道义吗？况且品德微薄而俸禄优厚，才智昏庸而家境富有，这是彰显污浊而违背教化的，不可以这样。"

齐景公没有答应，晏子退出去了。过了些日子，晏子找了一个机会把封邑交还给齐景公，还归还了一套车马，这才了事。

【古理今说】

晏子告老还乡之时，要把齐景公赏赐给自己的封邑退回去，齐景公认为没有这样的先例，便不同意。晏子说自己年老德薄而享受优厚的俸禄，是掩盖了君王的圣明，玷污了臣子的品行，因此坚决要求退回。

晏子是仅次于管仲的齐国相国。他既忠于齐景公，又心怀老百姓，身在高位却清正廉洁，"退休"之后也无奢侈之心。其高风亮节令后人敬仰，令后人沉思。

第三章　选贤任能，远离谗佞

晏子不仅勤政廉洁，持身立节，而且对贪官污吏、阿谀小人、佞臣奸臣疾恶如仇，务必去之。他主张选贤任能，远离谗佞，严惩贪官，端正风气。

晏子深知选贤任能对于治国治民的重要意义，所以一再申明举贤治国之道。国君治国，举贤任能，则民兴善而国治。晏子在回答齐景公询问有关治国之道、明君之行时，都把举贤用贤放在首位，可见他对贤能的重视。尤其难能可贵的是，晏子也强调君王要做贤君，只有君王贤明，才能任用贤才。

晏子主张不仅要举贤用贤，还要惩治谗佞，去除社鼠。他指出，恶人不去，贤人不进；谗佞不除，忠臣不用，尤其是君王身边的谗夫佞臣，依托君威，危害国家，更是国之大患。晏子把这些人比作社鼠、猛狗，主张一定要除掉他们。

在《晏子春秋》中，我们可以看到晏子对人才的重视和对谗佞的憎恶。《晏子春秋·内篇谏上》载："景公信用谗佞，赏无功，罚不辜。晏子谏曰：'臣闻明君望圣人而信其教，不闻听谗佞以诛赏。今与左右相说颂也，曰：比死者勉为乐乎！吾安能为仁而愈黥民耳矣！故内宠之妾迫夺于国，外宠之臣矫夺于鄙，执法之吏并苛百姓。民愁苦约病，而奸驱尤佚，隐情奄恶，蔽谄其上，故虽有至圣大贤，岂能胜若谗哉？'"晏子奉劝齐景公亲贤人，远小人，表达了他对人才的重视和对小人的反感。

《晏子春秋·内篇问上》载："景公问晏子曰：'莅国治民，善为国家者何如？'晏子对曰：'举贤以临国，官能以敕民，则其道也。举贤官能，则民与若矣。'"从晏子的言论中可以看到，"举贤任能"是治理国家的根本，能否做到这一点，是判断一个国君是否贤明的标准之一。所以，对贤人要做到知之、用之、任之，否则便是国家的不祥。

不仅如此，晏子还总结出一系列考察人才的具体方法，那就是："举之以语，考之以事"，"通则视其所举，穷则视其所不为，富则视其所分，贫则视其所不取"（《晏子春秋·内篇问上》）。更加难能可贵的是，晏子清醒地认识到了人各有专才，不能求全责备，"人不同能，而任之以一事，不可责遍成。责焉无已，智者有不能给"（《晏子春秋·内篇问上》）。在认识到人各有专长的基础上，任用人的时候，就要用其所长，回避其短，扬长避短，才能人尽其才，充分发挥人才的作用。

实际上，晏子已经提出了关于人才的作用和地位以及怎样选才、用才的一系列理论主张。可以说，晏子是我国较早地提出系统的人才观的政治家。晏子的这些选人用人思想，在今天依然能给我们以深刻的启迪。

1. 晏婴惜贤

晏婴担任齐国大夫时，一次在出使回来的路上，看见一个人被倒绑着双手，由几个人押解着，走在路边。

晏婴见被押之人神色不凡，气宇轩昂，像是很有修养，于是下车好奇地问："你叫什么名字？是干什么的？"

"我叫越石父，是给人家做奴仆的。"那人不卑不亢，语调沉稳地说。

原来，这是一个刚刚被买来的奴仆，正往主人家走去。这样一个气度不凡的人沦为奴仆，晏婴觉得很惋惜，便向那家主人说明了自己打算赎买越石父的意思。正好那家主人也觉得这个奴仆生来不像个奴才，害怕赔本，卖了也无妨，于是欣然应允。晏子随即命人将驾车的左侧马匹送与那家主人，赎出了越石父，与其一同回到了国都。

晏子久别故里，想念亲人，到家后便迫不及待地进了大门，完全把越石父忘了。自从被赎回来以后，越石父心中一直很感激晏子，觉得自己终于被人赏识，可以一展自己的才华。可他见晏子只顾自己先进屋，根本没想到还有个越石父，心想这不跟在别人家做奴仆一样嘛，还有什么前途呢？

不久，晏婴做了齐国的宰相，国事繁忙，越石父根本见不到晏婴的面。越石父心中怀才不遇、不被重用的情绪无法排遣，便让人转告晏婴："从即日起，我越石

晏婴惜贤

父与你晏婴绝交，我还是到有人赏识我的地方去吧！”

晏子听了手下人的报告，回想起当初赎回越石父的情景，然后命手下人告诉越石父：“从前你是奴仆，我把你赎了出来，这有什么不对吗？我们并没有什么私人交情，或者说还没有深交，你为什么就匆匆地和我绝交呢？”

越石父说：“自从你赎出了我，我以为自己遇到了知己，认为你了解我，可是你根本就没有问过我的情况，也没有理睬过我。这难道与我过去的主人有什么两样吗？”

晏子听到这一番议论后，马上来到越石父跟前，诚恳地道歉道：“从前我只看到先生的外貌举止，而现在更加了解先生的志气和品格。实在是晏婴失礼，我衷心地向您道歉，还望先生能留下来。日后晏婴有什么不对之处，请先生多多指教。”越石父见晏婴诚心实意地接受了自己的意见，深感此人胸怀大度，将来必成大业，又经晏婴一再挽留，便留了下来，不久成了晏婴治理国家的左膀右臂。

一匹马只赎出了越石父的身，恭谦的礼遇才赢得了贤士的心。晏婴一生历仕齐灵公、庄公、景公三朝，乱臣贼子甚至都不敢碰他，这无疑得益于其恢宏大度的气量与谦和有礼的作风。

【古理今说】

晏子重视人才，解救了贤士越石父，并虚心接受越石父的批评，引越石父为上宾，既体现了他善于发现贤才的眼光，又体现了其不拘一格提拔人才，使人才各得其所的胸怀。

习近平总书记深刻指出，“现在，我们比历史上任何时期都更需要广开进贤之路，广纳天下英才”，要“择天下英才而用之”。因此，各级领导干部都要有选贤任能的思想、眼光和胸怀。

2. 国有三不祥

有一次，齐景公外出打猎，上山时看到一只大老虎，下到洼地时又看到一条大蛇。回来后，他召来晏子询问道：“今天我出去打猎，上山时看见了虎，下到洼地时又看见了蛇，这大概就是所谓的不吉祥吧？”

晏子回答说：“国家有三种不吉祥的事，您所说的不在其中。有了贤良的人而您却不知道，这是第一个不吉祥；知道有贤才却不懂得任用，这是第二个不吉祥；任用贤才却不委以重任，这是第三个不吉祥。所谓不吉祥，就是这样的。如今上山看见了虎，那是因为有虎穴；下到洼地看到了蛇，那是因为有蛇窝。您到了虎穴，到了蛇窝，于是就看到了虎和蛇，这算什么不吉祥呢?”

【古理今说】

齐景公外出打猎遇到虎蛇，认为这是不祥的征兆，而晏子则借题发挥，把国家兴衰归结到用人问题上，认为“贤而不知”“知而不用”“用而不信”才是国家最大的不祥。我们知道，晏子所处的是一个天下纷争、社会剧变的历史时代，同时也是一个百家争鸣、人才辈出的历史时期。在这种历史背景下，“得人才者兴，失人才者亡”就显得尤为突出。因此，晏婴把人才问题提高到国家安危的高度来认识是不难理解的。

晏子的话无疑对齐景公起到了振聋发聩的作用，对后世而言也是至理警言。选贤任能，历来是一件大事。古人说：“成功立事非委贤莫可，改制规模非任能

莫济。”当前，选什么样的人，用什么样的人，是建设高素质化人才队伍的关键问题，也是加强党的建设的必然要求。只有正确地把握选人、用人标准，选好人，用好人，才能为社会主义现代化强国建设提供坚强的组织保证和人才支持。

当前我国正在经历一场深刻的历史变革，在这种形势下，我们重温晏子“国有三不祥”的论断，对进一步提高认识人才问题的重要性，更好地发现人才、使用人才，是大有裨益的。

3. 晏子逐高缭

晏子任齐国宰相时，把齐国治理得井井有条。晏子手下有一个名叫高缭的人，为官三年，从没做过什么错事，可是有一天，晏子却把他给免职了。晏子左右的人感到奇怪，觉得晏子这样做未免不合情理，于是都去劝阻晏子。有的说：“高缭侍奉先生三年，对先生向来都是言听计从，并没出过什么差错呀。”有的说：“按常理，高缭做官满三年，又没有过错，先生应当给他一定的爵位才是，怎么反而把他辞掉呢？这好像说不过去吧！”

晏子对左右劝阻的人说：“我是一个有很多缺点的人，正如一块弯弯曲曲的木料，必须用规矩来定方圆，用斧子来削，用刨子来刨，才能造就一件好的器具。我手下的人，就应该像这些规、矩、斧子、刨子，帮我去掉那些不能成器的地方，以利于我更好地帮君王治国。可是高缭和我一起做事已经整三年了，对于我的缺点、过错，他从来没提出过任何批评意见，也没做过任何纠正。我并非圣贤，平时工作中难免有失误，可是高缭只是一味地顺从我、称赞我，这对我更好地为君王工作又有什么好处呢？非但无益，反而有害。我之所以决定辞退高缭，原因就正是你们所说的高缭无过。”

【古理今说】

在常人看来，高缭被逐有点“屈”、有点“冤”，其实，高缭被逐完全是咎由自取。高缭看似谦谦君子，实则是一个处事一团和气的好好先生。虽说他不是令人不齿的奸佞之徒，但却是左右逢源、见风使舵、游戏官场的圆滑人物，做出的是“于私有利，于公无益”的为私行径。

在当前的干部队伍中，高缭式的人物，在一定程度上还是存在的。这些人深谙“厚黑学”，在本职工作岗位上出力不献策，尽管任劳任怨，但在领导面前从来不说半个“不”字，深怕一言不慎得罪领导。也有的人对顶头上司的错误、缺点、毛病一清二楚，对群众的意见、怨气、骂声也一概皆知，却闭口不言，总是夸赞领导“有水平”，能“联系群众”，等等，使一些没有自知之明的领导处于飘飘然的状态。这些“老好人”在一定程度上削弱了领导干部的工作效能，不利于党和国家事业的蓬勃发展，危害甚烈。

我们应以“晏子逐高缭”典故为鉴，对现实工作中高缭式的人物加大问责力度。“为官之道，重在用人。”晏子为什么逐高缭呢？原因就是晏子在用人上有原则性、前瞻性、为公性，这个用人标准，对我们今天加强党的干部队伍建设还是很有启发意义的。

4. 治国患社鼠

有一天，齐景公问晏子：“对于一个国家来说，最大的忧患是什么呢？”

晏子回答道："最大的忧患是社庙里的老鼠。"

齐景公不解地问："这是什么意思呢？"

晏子回答道："社庙的墙壁是把许多木条联结在一起，外面抹上泥土做成的。老鼠喜欢到那里边寄居。人们想要消灭它们，用火去熏，怕烧坏木头；用水去灌，又怕毁坏泥墙。因此，老鼠凭借这个，作威作福，人们很难将其铲除。说到国家，也有社鼠，就是君王亲信的那些小人。他们在朝中隐瞒善恶，蒙蔽君王；在外卖弄权势，欺压百姓。他们都是君王的宠臣、心腹，如果不杀掉他们，就会酿成祸患；如果要杀掉他们，却又无可奈何。这些人实在是贻害国家而又难以根除的社鼠啊！"

【古理今说】

社鼠是指君王身边的亲信、近臣、佞臣，他们粉饰君王的过失，颂扬君王的谬误，蒙蔽君王。君王不明真相，处理事务难免是非颠倒。他们倚仗君王的庇护，就像社庙里的老鼠，捉不得，杀不得。

晏子劝谏齐景公要善用良臣，因此以社鼠来比喻君王身边不善的近侍及佞臣，使齐景公真切地感受到，

身边人倘若用得不当，将会给自己及国家带来严重的后果。当初齐桓公任用不良之臣易牙、竖刁、开方，不仅自己丧命，还差点断送了国家，就很值得警惕。

选好人才，用好人才，是各项事业兴旺发达的重要保证。在选人、用人时要有一双火眼金睛，一定要明智洞察。如果身边聚集了许多不善之人，那么善言就难入，就像眼睛被蒙蔽了，看不到真实的一面，从而使自己陷入绝境，进而坏了整个大局。

5. 和同之辩

有一天，齐景公狩猎归来，晏婴在遄台陪侍，佞臣梁丘据处处想讨齐景公的喜欢，也急忙赶来陪同。齐景公十分高兴地说：“看来，只有梁丘据与我相和啊！”晏婴说：“梁丘据与您只能说是同，怎么能说是和呢？”齐景公奇怪地问：“和与同还不一样吗？”

晏婴答道：“当然不一样了。就像制好的肉羹，用醋酱盐梅烹调鱼肉，以薪炎炖煮，再加上各种调料，口味佳美，君子食之，平其心火，这才叫和。君臣的关系也是这样。君认为对但实际上不对的事情，臣就应该指出其不对；君认为不对但实际上对的，臣也应该坚持正确的意见。这样政治才会平稳而无偏差，人民也无争心。先王治民也用济五味、和五声之法，以平稳百姓之心，使政治清明，国泰民安。演奏音乐也像调味一样，有一气、二体、三类、四物、五声、六律、七言、八风、九歌等，九者相和，然后才能成为一曲优美的乐章。君子听了，可平其心，可和其德。现在梁丘据却不是这样，您只要一说行，他就说行；您要说不行，他就说不行。就像做饭时，水里再加上水，谁还能吃呢？弹琴时只有一个声音，谁还能听呢？他的这种行为就是同，如果都像他这样做，能行吗？”

晏子说得条理分明，合情合理，齐景公不得不服，点头称是。

【古理今说】

梁丘据是齐景公时的一个宠臣，专会对君王阿谀逢迎，而齐景公却对他很赏识，倍加宠爱，说只有他才与自己相和。晏婴这段话就是为此而发，深刻辨析了“和”与“同”的差别：“同”就是不同人、事的相同一致，而“和”则是不同人、事之间的协调与配合。

“同”表面上看起来是一种理想状态，但是“同”也就没有了矛盾，没有了发展，其实也就没有了事物的差别与个性。而只有“和”才是事物健康发展的完美形式，不同的食物经过调和才能成为美味，不同的声调、节奏经过调和才能成为一曲完美的乐章。

表面上看起来，晏婴似乎是在进行抽象的名词分析，其实他是借此向齐景公讲述为政治国、为人处世的道理——“君子应该和而不同”，并巧妙而含蓄地批评了梁丘据的一味逢迎和齐景公的不辨忠奸，劝谏齐景公远离佞人而亲近谏臣。

6. 齐景公夜访臣共饮

齐景公有一次饮酒，时已入夜，却想到晏子家找晏子共饮，于是带上侍从，前往晏子家。

侍从中有人先到了晏子家门口，敲门通报说：“国君驾到！”守门人闻听，立即报告了晏子。晏子马上穿上黑色礼服，于门外迎接，向齐景公作礼问道：“莫非诸侯有什么变故吗？莫非国家发生了什么事故吗？君王何以乘夜屈驾光临啊？”

齐景公听了有些不好意思，说："美酒的滋味，金石的乐声，愿与先生同享啊！"晏子听后，得知并无大事，便回答道："置席设酒，服侍君王，已经有人了，微臣不敢奉陪啊！"

见晏子委婉辞谢，齐景公也不勉强，但依然不想回宫休息，便说："转去司马穰苴家吧。"于是，一行人离开了晏子的府第，向司马穰苴家走去。

先行的人到了司马穰苴家门口，又叩门通报说："国君驾到！"

司马穰苴闻听齐景公亲自驾临，看时已入夜，不知发生何事，立即披上铠甲，戴上头盔，持上战戟，迎立于门外，向齐景公作礼问道："莫非诸侯有战事吗？莫非有大臣要叛变吗？君王何以乘夜至此，屈驾光临呢？"

齐景公听了，仍然笑着说："美酒的滋味，金石的乐声，愿同先生共享啊！"司马穰苴听后，心上的石头落了地，却也跟晏子一样回答道："置席设酒，服侍君王，已经有人了，微臣不敢奉陪啊！"

齐景公听了，有些扫兴，但也知道两位大臣的品行，只是仍不想回宫，便说："再去梁丘据家吧。"于

齐景公夜访臣共饮

是，一行人又前往梁丘据家。先行的人一到，就叩门说："国君驾到！"

此时，梁丘据听说国君来了，便左手拿着瑟，右手提着竽，一面走，一面唱着歌，出迎于门外。齐景公看了很高兴，说道："太令人高兴啦！今晚我可以喝个痛快了。没有他们两位先生，何以治理我的国家？没有这样一位侍臣，又何以欢娱我的身心呢？"

当世的君子闻听此事后说："圣贤之君，所交皆属益友，绝无苟且玩乐之臣，而齐景公不能及，故益友与幸臣并用，最后仅得不亡而已。"

【古理今说】

齐景公在入夜后，想找人一起饮酒赏乐，便驱车赶往晏子与司马穰苴二位大臣家里，但二位大臣却都委婉地谢绝了。晏子与司马穰苴出迎齐景公时，都依着君臣之礼，开口又是问国家大事，可见他们坚守自己的职责，时刻为国为民着想，希望能替国君解除忧患，安邦定国，的确是国家难得的忠臣贤佐。

然而，当梁丘据听闻齐景公前来时，却马上拿出乐器，唱起歌来，一边唱一边出迎，不行君臣之礼；为让

君王欢心，也愿意陪齐景公饮酒作乐，齐景公非常高兴。

或许，像梁丘据这样的人，会让齐景公一时痛快，但背后却隐藏着很大的祸患。一时的玩乐，自然很欢欣，但如果一味沉溺在玩乐之中，不能很好地区分贤臣佞臣，则国家危矣。因为佞臣会花言巧语，会挑拨是非，会拉帮结派，会蒙蔽国君的双眼，让其分不清是非，从而丧失原则立场，最终落得一个小人当道、好人离散的下场。幸亏齐景公的身边有晏子、司马穰苴等刚正仁义之士，他也愿意重用这样的忠臣，因此可保其国家社稷。故《孝经》有言曰："诸侯有诤臣五人，虽无道，不失其国。"可见忠臣贤士对国家的重要性。如今，我们也应当效法圣贤，亲近贤德之人，远离不善之友。

7. 晏子论用人之道

齐景公问晏子："古代君临天下、治理百姓的君王，他们任用人才的情况是怎样的呢？"

晏子回答道："土地有不同的性能，而不同性能的土地只能栽种某一种植物，要求它什么都能生长是不可能的；人有不同的才能，而有不同才能的人只能任用他办某一方面的事，不能苛求他什么事都取得成功。要求没有穷尽，即使聪明绝顶的人也有不敏捷的时候；要求没有止境，天地也有不能给足的时候。所以，圣明的君王任用人才，谄媚阿谀的人不能靠近左右，结党营私的人不能在朝廷做事；任用人的长处，不过问他的短处，任用人擅长的方面，不勉强他笨拙的方面。这就是古代贤君任用人才的大致情况。”

【古理今说】

晏子主张当政者应以尊贤为己德，以用贤为己任。晏子的观点反映了他作为一个杰出的政治家对贤能之士的重视，也是他政治理念的重要组成部分。他认为，尊贤之所以重要，就在于尊贤能以贤者之长补己之短，以贤者所厚补己所薄。

晏子认为，对待下属不能苛求，不能求全责备，应尊重下属的差异与个性。土地有不同的性能，而不同性能的土地只能栽种某一种植物，要求它什么都能生长是不可能的。用人也是一样的道理，人的能力是不一样

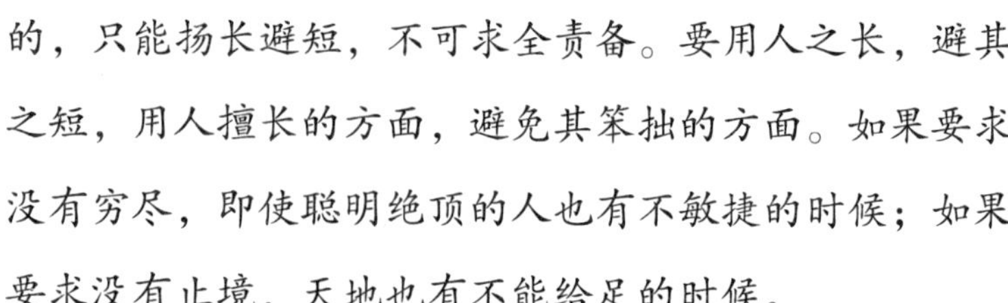
的，只能扬长避短，不可求全责备。要用人之长，避其之短，用人擅长的方面，避免其笨拙的方面。如果要求没有穷尽，即使聪明绝顶的人也有不敏捷的时候；如果要求没有止境，天地也有不能给足的时候。

晏子身为齐国宰相，效忠国家，礼敬贤士，态度谦虚，智慧横溢。他饱含教益的言论为后人发现良才、善用人才指明了方向，提供了方法。果能照此法而行，何愁不能精英荟萃？

8. 举贤官能

齐景公问晏子：“统治国家，管理百姓，善于治理的人是怎样做的呢？”

晏子回答道：“提拔贤人来治理国家，任用能人来管理百姓，就是治国之道。提拔贤人，任用能人，百姓就会亲附君王了。”

齐景公说：“即使有贤人、能人，那我该怎么辨别呢？请先生您教我吧。”

晏子回答道：“可以通过他的交往观察他，通过他的行为评价他。不要只听他华丽的言辞来判定他，也不要听信人们对他的赞誉、诋毁来确定他的身份。这样，他就不会为了标榜而宣扬自己，也不会掩饰自己的欲望以向君王求得尊显和荣耀。因此，当他得志时，就看他所举荐的是什么人；当他失意时，就看他所不做的是什么事情；当他富裕时，就看他把财物分给什么人；当他贫困时，就看他所不求取的是什么东西。上等的士人，不肯轻易进身为官或辞官退隐；次一等的，轻易进身也轻易退隐；下等的，轻易进身却不肯轻易退隐。凭这些去选取人才，大体就可以了。”

【古理今说】

如何能找到忠诚有德的良才，又如何合理地任用人才，是管理者要研究的大学问。什么是真正的人才？德才兼备者是也，而且“德”为首，“才”次之，有才无德之人其负作用恐怕比平庸之辈还要大得多。选人才，自古至今都是一个难题，但这里面也有诀窍，那就是举贤任能。

贤良之才有时候并不是以一副令人瞩目的面貌出现的，他可能不善辞令，但做事踏实认真；他可能不会虚与委蛇，却决不敷衍塞责；他可能不会溜须拍马，但

坦诚率真。我们在评断贤良之才的时候，不要只看他的言辞，更要看他的交往、他的行动。

如果能够把握以下两条原则，贤良和佞臣还是可以洞察的。其一，要多“近”群众。群众的眼睛是雪亮的，谁是君子、谁是小人看得一清二楚。多“近”群众就能心明眼亮，明察秋毫。其二，要多问“为什么”。既为小人，必有一副“小人相”，或“甜”得特别，或“亲”得异样，或“吹”得肉麻，或“勤”得反常……对此，要在心里多问一个“为什么”。如果对这些反常现象多作一些冷静的思考，就不难察觉小人的用心。

此外，举贤任能必须依靠群众，建立长效机制。对于勇于干事、敢于担当，有才能和气魄的干部，要提拔上来，而对于庸庸碌碌、得过且过的“太平官”，要纠正他们“无过即为功”的错误观念和认识，使无为者无位，不为者让位，形成能者上、平者让、庸者下的良性机制，真正让庸人无市场，让能人有舞台。

9. 治国三患

齐景公问晏子：“治理国家，统治民众，所忧虑的是什么呢?”

晏子回答说:“一般来说有三点忧患:第一点是忠诚的臣子不被信任,第二点是被信任的臣子不忠诚,第三点是君臣不同心。所以说,贤明的君王居于上位,没有忠诚而不被信任的臣子,也没有被信任而不忠诚的臣子,君臣同心,百姓才没有怨恨。”

【古理今说】

晏子认为,治理国家,管理百姓,最令人担忧的有三件事:忠诚的臣子不被国君信任,国君信任的臣子不忠诚,君臣各有异心。晏子所说的三患,其实是一个用人是否得当的问题。人人都爱听顺耳话,讨厌逆耳言。作为君王,更喜欢臣下顺从,喜欢臣子歌功颂德。而忠臣好提意见,直谏君王过失,不讲情面。于是,君王对忠臣不满,以至不信任,而把阿谀逢迎、心怀叵测之徒引为知己,处处依靠他们。君王与臣子各敲各的鼓,各吹各的调,事情当然办不好。

晏子此论意在建议为政者不但要善于发现贤士,而且要重用贤士、信任贤士,将贤士的才能真正发挥出来。

10. 一日三谏

有一天，齐景公和群臣到公阜游玩。早上，广阔的大地一片生机，绿的庄稼，红的鲜花，相映生辉。鸟儿唱着歌，蜂蝶跳着舞。

齐景公感叹地说：“如果我能长生不老，天天悠游在这山水之间，那该多好啊！”

晏子听到这话，觉得国君如果去追求长生不老之术，必然淡于治国之道而不求进取，于是接过话头说：“生和死都是不能改变的自然规律。再说了，如果人人都长生不老，那也未必是好事。”

“为什么呢？”齐景公不解地追问。

“这道理很简单，如果齐国的开国君王太公、丁公活到现在，他们一定还是一国之主。那么，桓公、襄公、文公、武公就只能当他们的助手，而您也只能头戴竹笠，手拿锄头，终日在田里劳动，怎么还能率领群臣到处玩乐呢？”晏子的话扫了齐景公的游兴，他别过脸去不理睬晏子。

到了中午，远处出现了一辆六匹马拉的大车，烟尘

一日三谏

滚滚而来。齐景公得意地对晏子说："这是梁丘据接我来了，你看他驾驶的马车奔得多快！朝中文武就只有他最了解我的脾气了。"

晏子却不满地说："梁丘据称不上好的臣子。古人说过，一个忠诚的臣子，不应该事事附和国君，因为国君认为对的，并不一定都对，而国君认为不对的，也不一定都不对。这个梁丘据最会察言观色，对国君拍马奉承，不论对错，一味迎合。您听了也许心平气顺，可是对国家长远利益而言，又有什么好处呢？"

齐景公很不高兴，转身拂袖而去。

夜色降临，星光灿烂，一颗流星在头顶疾驰而过。齐景公见状面如土色，以为这是不祥之兆，忙请主管祀祷的官员设香案祷告，以求齐国君臣平安。晏子赶去劝阻，对齐景公说："流星有什么可怕的呢？它只扫除邪恶的事情，君王如果没有做过什么丑事，又何必提心吊胆的呢？君王要是做了什么丑事，让流星扫除掉，不是很好吗？"齐景公气得脸色铁青，一句话也说不出来。

可是晏子言犹未尽，批评的分量也越来越重："现在我担忧的倒不是出现流星，而是君王贪恋酒色，亲近小人，喜听谗言，疏远贤臣，长此以往，灾难必然降临到我们齐国。君王的这些过失，靠祈祷是弥补不了的。”

齐景公再也没有游览的兴致了，立即下令驾车回宫。这天夜里，齐景公翻来覆去睡不着觉，准备寻找机会压一压这位宰相的气焰。然而，细细品味晏子三次批评自己的话以后，他觉得晏子每一句话都说得很有道理，不禁又钦佩起这位对自己忠心耿耿的宰相来。

晏子去世后，齐景公在吊唁时痛哭流涕地说：“那天宰相在公阜三次给我指出过错，这样忠心耿耿的贤臣，我现在到哪里去找啊?”

【古理今说】

齐景公到公阜游览，三次感叹，三次被晏子批评。我们在感叹齐景公肚量的同时，更为晏子的劝谏精神所感动。兼听则明，偏信则暗，一个人只有从善如流，才能不断进步。作为一名公仆，只有听得进批评和劝谏，才能更好地认清形势，开展工作。

“苟利国家生死以，岂因祸福避趋之。”作为党的领导干部，要光明磊落，襟怀坦白，抛却一切私心杂念，以国家大局为重，以党的事业为重，以人民利益为重，正直无私，敢于谏言。对工作，要能实事求是地说；对党和人民，要能忠诚而负责任地说；对腐败现象，要能一腔浩然正气地说。

一个国家、一个民族总要有一批心忧天下、勇于担当的人，总要有一批从容淡定、冷静思考的人，总要有一批刚直不阿、敢于直言的人。讲真话、听真话，是一个人为人处事的道德底线，是一个国家、一个民族政治文明和精神文明的体现，也是领导干部了解实情、做好决策的前提。

11. 和颜纳谏

有一天退朝后，晏子再次觐见齐景公，作礼问道：“君王在朝时，态度是否过分威严了些呢？”齐景公说：“在朝听政，态度威严，有何妨害于治国理民呢？”

晏子回答道：“在朝听政，如果态度过分威严，臣下便不敢进言了。臣下不敢进言，君王听不到谏言，则下情无法上达。为下无言，形同哑巴；居上无闻，形同聋子。臣子无言，君王无闻，这不算妨害国家大事，又算什么呢？况且，合升斗的微数才能装满仓廪，合丝缕的细微才能织成帷幕。泰山虽然很高，却不是一块石头，而是累积无数土石，然后才由卑而高。天下之所以治平，也并不是只用一士之言。君王在朝听政，对臣下的进言，固然有听受而不采纳的情形，但哪有拒而不受的道理呢？”

【古理今说】

如果君王态度威严，拒人于千里之外，令臣下望而生畏，战战兢兢，就会堵塞劝谏的通道。上情不能下达，臣子就不了解君王的圣意；下情不能上达，君王也不明白民情民意；上下不能相通，形同聋哑，便会妨碍国计民生。

晏子意识到齐景公过于威严的态度，可能会给臣子们带来进谏的压力，于是在退朝后，马上向齐景公进谏，并采用粮仓、帷幕及泰山等来打比喻，使齐景公更容易了解不受谏言的危害。这是晏子的智慧、忠诚与善巧。身为臣子，辅佐君王治理国家，是臣子的本分与职责，见到君王有过，理当进谏，不应苟且保身，如此才可帮助君王看到自己的过失，从而避免灾祸。

反观我们自己，是否也会犯同样的过错？倘若平常便是一副高傲的模样，或者让别人感觉到自己不肯接

受批评和劝谏，那么别人也就不会为我们指出问题，甚至还有可能会远离我们。古人有诗云：“不识庐山真面目，只缘身在此山中。”很多时候，是当局者迷，旁观者清。自己看不到自己的问题，如果身边又没有诤友帮我们指正，那就会在错误的泥潭中越陷越深，甚至会亡身败家。因此，诚如晏子所言：“固然有听受而不采纳的情形，但哪有拒而不受的道理呢？”

12. 鲁昭公自悔

鲁昭公流亡到齐国，齐景公问道：“你年龄很小，何至于此呢？”

鲁昭公悔恨地回答道：“在我年少的时候，人多爱护我，我不能够体察感恩；人多谏诤我，我又不能采纳改进。因此，内无辅助之士，外无辅佐之臣。内外真正能够辅佐我的人一个都没有，而谄媚阿谀的人却很多。这种情形，就像秋天的蓬草一样，枝叶虽美，但其根孤立，秋风一到，就根拔叶脱了。”

齐景公听了很感慨，觉得他说得很有道理，于是转告晏子说：“假使让他再返回自己的国家，那他岂不就成为像古代贤君一样的人了吗?”

晏子听后，却回答道：“不是。愚昧的人多懊悔，不肖的人自以为贤德。这就如同溺于水中而不问深浅，迷失道途却不问路径。陷溺水中不能自拔，然后才探问深浅；迷失道途不知方向，过后再问路径。这就好比国难临头了，才急着铸造兵器；喉咙噎着了，才急着掘井取水。纵然是疾力从事，但为时已晚。”

鲁昭公流亡国外，才开始悔悟，然而已是悔之莫及。

【古理今说】

“愚昧之人多懊悔。”试想，有多少人像鲁昭公一样，等事情到了最坏的结局时，才知道悔恨？愚昧之人，常常事后才来抱怨曾经的过错，懊恼过往的行为。可是，多数人在悲痛之余，只是感伤过去，却不知振奋起来，把握当下，真诚改过。因此，不久之后，又为今日的过错继续懊恼。如此不断地犯错，又不断地懊恼，人生的时光，就在这懊悔中流逝了。

改过不能等，切不可认为时间还早，以后再改。若没有坚强的决心，纵然过去十年，恐怕连一个小错误都改不掉，等铸成大错，那也只有空留遗憾了。

作为党政领导干部，面对自己的过错，不能一味地拖延，更不能听不进别人的衷心劝诫，要以每日三省吾身的精神，严格要求自己，克己奉公，让自己的人格臻于完善。

13. 齐景公赏无功罪有司

有一次，齐景公赏赐国中的宠幸之人，给予万钟之赏的有三位，给予千钟之赏的有五位。然而齐景公发出命令后，主管会计的官员却坚决不办理。齐景公大为震怒，下令要免除其职务，可命令发出后，执法的士师又抗命不从。

齐景公为此很不高兴，也很难过，于是向晏子诉苦道："寡人听闻，君王治国，奖赏喜爱之人，疏远厌恶之人。如今寡人对自己喜欢的人不能赏赐，对自己讨厌的人又不能疏远，实在是失去了君王应有的权力啊！"

晏子听后，回答道："晏婴听说，君王领导正确，大臣依命行事，此为顺服；君王行为乖张，大臣却仍唯命是从，此是叛逆。如今君王厚赏那些谗佞阿谀之人，却要大臣们言听计从，不得违抗，这就是君失正道，臣失其职了。”

“先王最初立下爱而当赏的标准，是鼓励行善；立下恶而应罚的规矩，意在严禁残暴。过去夏、商、周三代帝王之所以能君临天下，是因为凡有利于国家的，就爱而赏之；凡有害于国家的，就恶而罚之。故明白诏告，将所爱之人加以奖赏，如此鼓励善行，贤良之士便越来越多；将所恶之人施于惩罚，爱恶分明，公正无私，邪僻之人由此改过迁化，恶迹消灭，因而天下大治，百姓和睦。可到了国势衰危之时，末代的帝王懒散怠慢，日常生活只知放荡淫乐，顺从己意就爱之，违背己意便恶之。如此爱恶颠倒，善恶不明，对所爱之人加以厚赏，对所恶之人加以严惩，使得邪僻之人越来越多，贤良之士消灭净尽。最后，百姓妻离子散，国家也危败覆亡了。”

“如今，君王既不能揣度古圣先王君临天下的原因，又不能观察衰世惰君亡国败家的真相，臣只怕君王如此滥赏淫罚，一旦臣子们不敢据理力争，便有社稷倾覆、宗庙危亡的后果啊。”

齐景公听闻此言，立即明白了自己的过错，于是以悔改的口吻对晏子说：“寡人着实不知，那就依照士师

们的安排去办吧。”

这样一来，国中滥赏滥支的公款，经过审慎的检查后，节省下了十分之三。

【古理今说】

齐景公作为一国之君，打算凭借自己的喜好厚赏所爱之人，但是他却没有看到，自己喜欢的人，并不是对国家和百姓有功的人，而是自己的私心私爱。倘若对国家没有功劳，仅仅是讨取君王的欢心就可以得到奖赏和厚禄，那么恪尽职守、任劳任怨的臣子恐怕就会心生怨恨。上行下效，“上有所好，下必甚焉”。一旦开了这样的风气，大臣们不能恪守本职，趋于谄媚阿谀，齐国的朝政恐怕就要大乱。

可是齐景公发出命令后，执事官员却能冒着触犯君王的罪名不予办理；齐景公想要处罚执事官员，司法官员又不予办理。表面上看，齐景公好像失去了君王的威严，其实不然，这正是官员们恪守本职，为国家着想，为君王着想，所以才不顾惜自己的得失、性命，依然坚守职责！齐景公只看到了表面的顺从与否，却没有看到真正的顺服，乃是顺从人间正道。如果阿谀奉承、溜须拍马、颠倒是非当道，那齐国的命运也就岌岌可危了。

所幸的是，齐景公遇到问题时，总会向有道德、有智慧的晏子请教。于是，晏子诚恳地将道理分析清楚，使齐景公看到其中的利害，以免犯下过错。如果齐景公向身边的宠信之臣诉苦，再遇到居心叵测之人火上浇油，那事情恐怕就难以收场。这其实也是齐景公的智慧，懂得向有德之人请教。

更可贵的是，齐景公看到自己的过错，能马上以悔改的口吻允诺按其应有的方式处理，并不因为自己是一国之君，就高高在上，为自己找借口，逃避问题。齐景公身为君王，能知过就改，这是非常难得的。

这也启示我们，作为领导干部，务必要看清什么样的下属才是真正忠于职守的好下属；身为下属，对于领导的不当指令，务必要敢于仗义执言、诚恳规劝；上下齐心，工作才会有条不紊。

14. 得贤之道

齐景公问晏子：“要想求取人才、得到贤人，应该怎么做呢？”

晏子回答道："通过言谈选拔，通过办事考察，能通晓事理，就尊重亲近，亲近而不失礼，以此来求取人才，就能得到贤人了。因此，贤明的君王居于上位，应该少设置官位而多看重行为，不重外表形式而讲究具体内容，话不中肯不说，行为不合法不做。"

【古理今说】

晏子主张当政者应以尊贤为己德，以用贤为己任。齐景公向晏子请教求贤之道，晏子告诉他，要通过言谈选拔，通过办事考察，不要流于外表形式。

古今中外，用人的问题不是一般的问题，而是根本性的问题；用人的导向不是一般的导向，而是最大的导向。现实生活中，有些人对上唯唯诺诺，出勤不出策，毫不称职；明知不对，不进诤言，得过且过，圆滑世故；阿谀奉承，百般讨好，粉饰太平，大谬不然。

确立正确的用人导向，关键在于领导干部博采众议、广开言路，虚心倾听别人的意见，一定要听不同的声音，一定要征求多方面的意见。考察一个人，不能光看他的言辞，更要看他的品德，看他的行动。古语云："用一贤人，则贤人毕至；用一小人，则小人齐趋。"

第四章　崇尚节俭，反对奢华

晏婴生活在春秋时期相对稳定的时代，各诸侯国间没有爆发大规模的战争，因此，各国争相追求奢侈豪华生活之风得以盛行。无论是周天子，还是诸侯、士大夫多奢侈无度，放纵自恣，而广大民众则在统治阶级的强权压迫下过着无比艰难的生活。齐景公时，奢侈腐败是齐国朝政的一个突出问题。“齐景公内好声色，外好狗马，猎射亡归，好色无辨。作为路寝之台，族铸大钟，撞之庭下，郊雉皆响，一朝用三千钟赣。”为了国家政局的稳定，晏婴多次进谏齐景公止奢侈，行廉政，还“以节俭力行重于齐，既相齐，食不重肉，妾不衣

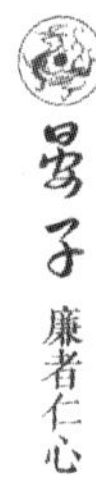

帛”（《史记·管晏列传》）。

晏婴官至相国，一人之下，万人之上，完全有资格享受荣华，拥有富贵，但是晏子始终崇尚节俭，反对奢华铺张。他在衣、食、住、行等方面都十分节俭，为百官做出了榜样。他吃的是“脱粟之食，五卵、苔菜”，“肉不足”，用现在的话说就是粗茶淡饭，素食当家；穿的是粗布衣，仅有一件皮衣，竟穿了三十年；住的是闹市附近潮湿喧嚣、条件较差的破房子；乘坐的是驽马破车。而且，晏婴还经常把节衣缩食剩余下来的衣食之物，拿出来周济族人、亲友、百姓，以达到为国养民的目的。

晏婴主张丧事从简，并且以身作则，身体力行。晏婴的父亲去世就没有厚葬。他穿着粗麻制成的丧服，头上和腰间系着麻布带子，手拿竹杖，脚穿草鞋，住在孝棚里，睡在草苫子上。他的管家都觉得这样治丧未免太简单，不是大夫守丧的礼仪，而晏子却依然坚持丧事从简。

晏婴之所以能够以德抑欲，以义御利，是因为他认识到清廉则为福，贪欲则为祸。晏婴克己奉公，尚俭倡廉，在中国历史上树立了廉相的楷模，对后世产生了积极的影响。明嘉靖《青州府志》称："齐地汉以后尚俭、倡廉，与晏子的移俗不无关系。"晏子的节俭有利于改善社会风气，有利于社会稳定，有利于人民安居乐业。晏子一生清廉，洁身自爱，力行节俭，是我们后人的一面明镜。

改革开放以来，我国经济发展十分迅速，实力不断壮大，民富国强。但是，不好的苗头也出现了：有的人有了钱，奢侈摆阔，互相攀比，浪费严重，败坏了社会风气。"历览前贤国与家，成由勤俭败由奢。"在当前的形势下，以历史为鉴，以晏子的力行节俭为榜样，倡导勤俭节约是非常有必要的。现在全国特别是党内力倡艰苦奋斗、勤俭节约之风，共产党员和领导干部必须作出表率，以奢为耻，防腐反贪，把心思用在工作上，把精力用在为人民谋利益上。唯其如此，中华民族伟大复兴的宏伟目标才能早日实现。

1. 晏子论节俭与吝啬

晏子虽贵为齐国相国，但日常生活却极其简朴，住的是普通民房，穿的是粗布麻衣，吃的是粗茶淡饭，外出也很少坐车，一切用度皆省之又省。在常人眼里，晏子的行为有些近乎吝啬，堂堂齐国宰相，过的却是连老百姓都不如的生活，这着实让人难以理解。

有一次，晏子受齐景公之命，出使晋国。临行前，晏子刻意打扮了一番，穿上了他认为最好的一件衣服。然而到了晋国以后，与一班王公大臣一比，晏子才发现自己仍然土得掉渣。他的身上除了一把佩剑外，没有一样值钱的饰品，而晋国的官员们，不是绫罗绸缎，就是美玉加身，显得十分华贵。见到晏子这副寒酸的模样，晋国的贵族们皆露出鄙夷的神色，就连一向敬重晏子的叔向，也流露出几分不屑。叔向心想：晏子也太吝啬了，这样的场合都舍不得花点钱置身漂亮的衣服。然而，对于这一切，晏子却毫不在乎，他依旧神态自若地与大家谈笑着。

正午时分，晋国置办了一桌丰盛的酒宴为晏子接风洗尘。宴间，叔向不怀好意地对晏子说：“听说先生学富五车，博闻强识，有伯夷、管仲之才，我想请问先生，节俭与吝啬有什么区别呢？”

听了叔向的问话，再瞧瞧晏子的装束，晋国的官员们忍不住暗自窃笑，等着看晏子出丑。晏子当然明白叔

晏子论节俭与吝啬

向是在挖苦他，不过他没有生气，也没有觉得无地自容，而是微微一笑，从容地回答道："在下虽无什么才学，但节俭与吝啬还勉强分得清。节俭是君子的美德，吝啬是小人的恶德。衡量一个人的财物多寡，不是看这个人穿戴是否华丽，也不是看这个人的出手是否阔绰，而是看这个人是否有计划地使用自己的钱物。富贵时不过分地加以囤积，贫困时不轻易向他人借贷，不放纵私欲，不奢侈浪费，不与人攀比，时刻念及百姓之疾苦、国家之兴盛，这便是节俭。而家中金银堆积如山，却独自享用，丝毫不想赈济受灾受难的百姓，这样的人，即使一掷千金，穿金戴银，天天山珍海味，那也是吝啬。"

晏子的回答可谓精辟至极，让叔向一干人等惭愧地低下了头。从此以后，晋国的官员再也不敢以貌取人了，当然，更不敢再小瞧晏子了。

【古理今说】

节俭是君子的美德，吝啬是小人的恶德。所谓吝啬，是指"舍不得给人"，而节俭则是指"生活上不奢侈浪费"，吝啬与节俭本就不该混为一谈。

面对众人的嘲讽、不解和指摘，晏子从容淡定，娓娓而谈。诚如他所言，衡量一个人的财物多寡，不是看这个人穿戴是否华丽，出手是否阔绰，而是看这个人是否有节制地使用自己的财物。

在现实社会中，有的领导干部手握权力，貌似慷慨大方，其实花的是公款，用的是公家财物，因而没有丝毫吝啬、小气之风；若是花自己的钱财，则显得比谁都吝啬和小气。

节俭不应该被质疑、被指责，它是天地间光辉耀眼的美德。艰苦奋斗是我们党的政治本色，也是我们党保持同人民群众血肉联系的重要法宝，更是我们成就一切事业不可或缺的精神力量。兰考县委书记焦裕禄访贫问苦，治沙治涝，只靠一辆自行车和一双铁脚板走遍了兰考大地。焦裕禄同志身上就集中体现了艰苦奋斗的优秀品质。可以说，在节俭和吝啬的分水岭上，品德之高下立见分晓。

2. 金玉之履

有一年冬天，齐景公做了一双鞋。这双鞋很特别，用黄金做鞋带，白银做装饰，珍珠做连贯，美玉做鞋头，长有一尺。齐景公很喜欢这双鞋子，便在冰天雪地的严冬里穿着去处理朝政。

晏子前来朝见时，齐景公想站起来去迎接他，但鞋子太重了，齐景公仅能把脚提起来，想移动很困难。

齐景公问晏子："天冷吗？"

晏子看到齐景公的鞋子，回答道："君王何以要问天气是否寒冷呢？古时圣人裁制衣服，冬天的衣服轻柔而温暖，夏天的衣服轻松而凉爽。如今君王用黄金美玉做这双鞋子，又在冰天雪地的寒冬里穿着，不但重，而且不暖和。鞋子太重，使脚的负担过重，不能行走，如此不适合穿用，便失去鞋子本来的功用了。这样看来，鲁国这位制鞋的工匠不知寒暑季节的变化，不知分量的轻重，违背常理常性，这是他的第一条罪状；其裁制装饰不守常规，使君王穿上这样怪异的鞋子，为天下诸侯所耻笑，这是他的第二条罪状；动用大量的财物，却不能做对国家有益的事，不爱惜劳力财力，积怨于百姓，这是他的第三条罪状。臣请君王依法拘捕，并且派官吏审判他。"

齐景公听了，心有不舍，马上为工匠开脱道："这位鲁国的工匠制作这双鞋很费力，也很辛苦，就释放他好了。”晏子听了，说：“不可。臣听说，辛辛苦苦去从善之人，应给予重赏，而劳心劳力去为非作歹之人，应处以重罚。”

齐景公听了，默然不作声。晏子退朝后，立刻指派官吏拘捕那位鲁国的工匠，叫人押解出境，命他今后永远不得再入齐国境内。

之后，齐景公脱去那双金玉所做的鞋子，再也不穿了。

【古理今说】

吃穿住行，是生活的常事。在穿着方面，冬天的衣服轻柔而温暖，夏天的衣服轻松而凉爽，能适合季节变化，方便生活，才符合常理。然而，齐景公做的这双鞋子却虚有其表，表面上看，黄金白玉，很漂亮也很高贵，但在寒冷的冬天里，穿上不但不保暖，而且重得连走路都成了负担。如此制作的鞋子，不仅不实用，还助长了奢靡之气。

晏子深知，这华而不实之风，危害很大。若文武百官与黎民百姓也争相效仿，便都不能脚踏实地，依照常理去生活、奋进。恐怕还会有人想着去制作一些更加奇异的东西，来讨得君王欢喜，借此加官进爵，得到赏赐。如此一来，不但会耗费不必要的财力，也会对齐国的民风产生危害。晏子颇有远见，预见到了这双鞋子所带来的严重后果，于是当机立断，驱逐那位鲁国的工匠，不许他再入齐国境内。晏子不但使齐景公自动脱下了奢华之屦，而且将不良的社会风气当下斩除，保护了齐国的良善朴实之风，可谓意义深远。

远有齐景公的金玉之屦，今天就没有类似的现象了吗？诚然，今天的工作条件和生活条件有了天翻地覆的变化，但仍有人不满足，生活上大肆挥霍，花天酒地，认为花钱有胆量才算有魄力，讲排场才算有实力；有的人违规违纪，贪污受贿；有的人住高档酒店，挥霍公款。这些都是务必要杜绝的不良行为。

“奢靡之始，危亡之渐。”勤俭节约、艰苦奋斗的优良作风，不仅在革命战争年代和新中国成立初期“一穷二白”的环境下需要坚持，在全面建设社会主义现代化强国的新时期仍然需要大力弘扬。

3. 晏子之食菲薄

晏子辅佐齐景公的时候，吃的是糙米，最多烤几只飞鸟，加几个鸡蛋，还有一些青菜罢了。

齐景公到晏子家饮酒，看到晏子的饭食后，说：“先生家如此贫穷，我却不知道，这是我的罪过啊。”

晏子回答道：“这是因为世间的食物还不充足啊。有糙米能够吃饱，这是士人第一期望的事；有烤熟的飞鸟吃，这是士人第二期望的事；有鸡蛋吃，这是士人第三期望的事。我没有超过别人两倍的品行，却有士人期望得到的三种饭食，君王的赏赐已经很丰厚了。我家并不贫穷啊。”晏子再次拜谢，婉拒了齐景公的赏赐。

【古理今说】

做相国的，一般都吃得很阔气，水陆并陈，美味珍馐，不一而足。但晏子的主食却是去了糠皮的小米，副食也只有射猎来的几只禽鸟，外加几个鸡蛋和适量的蔬菜，饮食如此节俭。

这在外人看来确实匪夷所思，但晏子却觉得这是自然而然，并将其与士人期望的三件事相比较，觉得自己并不贫穷，晏子的节操和品行可见一斑。当齐景公打算给予赏赐时，晏子却坚辞不收。相比今天有些官员腐化奢侈的不良行为而言，晏子的俭朴多么令人感慨。

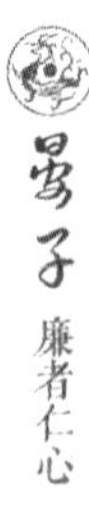

4. 晏子弊车驽马

晏子上朝时，乘坐着破旧的车子，拉车的是一匹劣马。齐景公看见后说："呀，先生的俸禄太少了吗？为什么乘坐如此破旧不堪的车子呢？"

晏子回答道："有赖于您的恩赐，我得以保全父族、母族及妻族的衣食。我能吃饱穿暖，还有破车劣马使用，已经够满足的了。"

晏子出宫后，齐景公派梁丘据赠送给晏子一辆四马所驾的豪华大车。晏子再三推辞，不肯接受。齐景公很不高兴，立即召见晏子。齐景公说："你不接受车马的话，我也不乘坐这样的车马了。"

晏子说："您让我做管理百官的官，对于衣服、饮食，我应该节俭，以此为国内百姓作表率。即便这样，我也还担心他们奢侈浪费而不顾忌自己的行为。现在有好车好马，您乘，我也乘，置百姓于不顾，那么对于那些过着奢侈生活而不履行自己职责的人，我就没有办法阻止了。"

听完晏子的一番话，齐景公也就不再勉强他了。

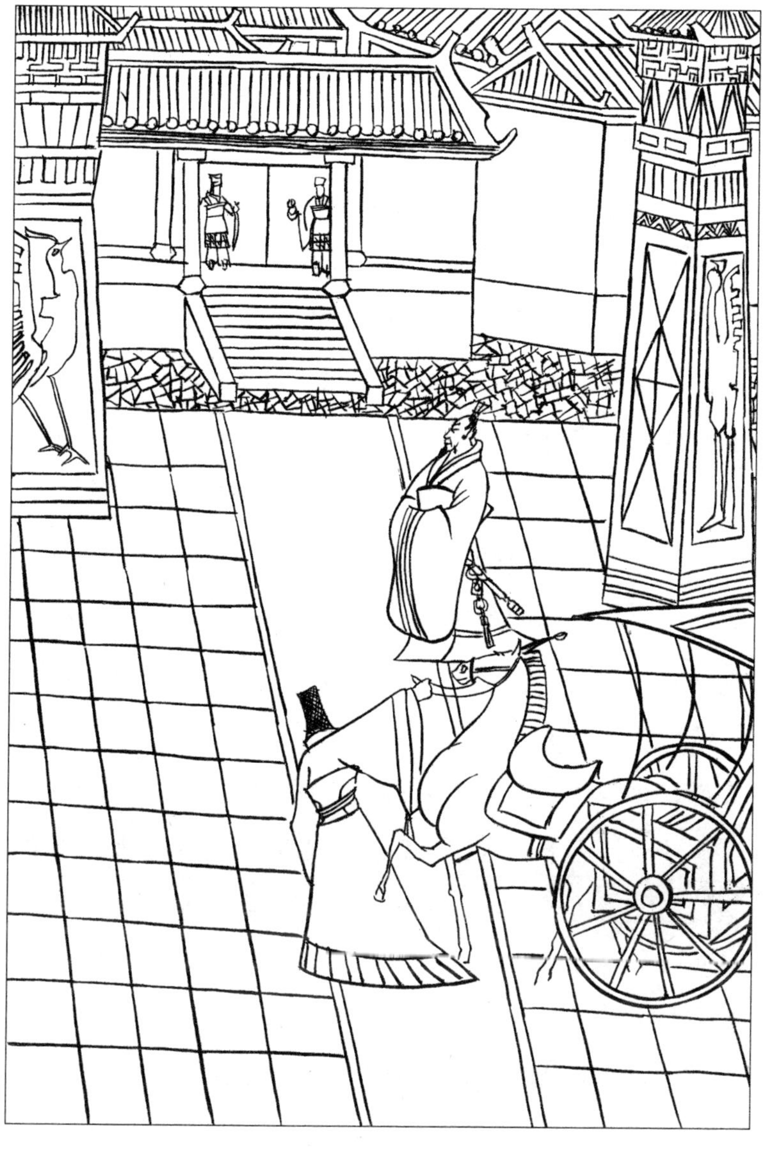

晏子弊车驽马

【古理今说】

春秋战国时期，主要的交通工具是车，由于路况普遍不好，驾车出行是一件很劳累的事情。晏子上朝，乘弊车，驾驽马。用现在的话来说，晏子所乘的车，自然是公车了，按他的级别，国之正卿，应该配给他仅次于国君的辂车才对。但他实际乘坐的车，档次低，马力小，样式旧，设备差，根本没有一国之相的气派。可晏子觉得这没有什么不合适的，只要有车坐，他就很满足了。晏子认为，自己作为宰相，理应为百官作出表率。

晏子的“弊车驽马”彰显了为官者的俭朴作风。俭朴是中华民族的传统美德，是修身、齐家、治国、平天下的必备素质。养心莫善于寡欲，节俭乃是德之基，寡欲节俭是养心正德之本。古人云：“节俭朴素，人之美德；奢侈华丽，人之大恶。”《左传》载：“俭，德之共也；侈，恶之大也。”晏子正是深知这些道理，身为宰相而“弊车驽马”。各级领导干部应从晏子的“弊车驽马”中体味戒奢以俭的道理。

5. 晏子衣鹿裘以朝

齐景公时，晏子身为宰相，穿着布衣和粗糙的鹿皮衣上朝。齐景公说："先生怎么穿得这么差啊？家里这么贫穷，我竟然不知道，这是我的罪过。"说完，齐景公就要赏赐晏子。

晏子说："我曾经听人说，先看看别人是什么样的情况，然后再穿衣吃饭的人，就不会因为贪图华服和美食而让自己有过失；先看看别人怎么样，然后才行动的人，就不会让邪僻的行为伤害到自己。请原谅我的不贤德，我的家族中有很多人生活还不如我，能穿上布衣和粗糙的鹿皮衣上朝，对我来说，不是已经很好了吗？"晏子说完后，拜了两拜，婉拒了齐景公的赏赐。

【古理今说】

晏子身为齐国相国，上朝的时候竟然穿着一件廉价的旧皮衣，而且据史料记载，这件皮衣晏子穿了三十年。齐景公都感觉有点难为情，认为是自己的"罪过"。而晏子却认为这样已经很好了，能穿上皮衣，生活上也还过得去。他想得更多的是，有很多贫苦的百姓在衣食方面还不如他。

其实，并不是晏子家贫穷，买不起昂贵的新衣服，而是在晏子的心目中，朴素节俭是人的本色，也是他恪守的一种美德。秉持这种美德，就不会被外物所迷惑，就能够保持良好的德行和操守。

现在，社会发展了，人们过上了富裕的生活。于是，有人就开始凡事讲排场、比阔气，花钱大手大脚，这种奢侈之风当禁、当止。君不见，某些领导干部的腐化堕落大都是从贪图享乐、挥霍无度开始的。“德以俭出，恶以奢始。”攀比腐化等不良社会风气必须坚决予以制止，当今时代，我们仍然要大力弘扬晏子这种节俭朴素的美德。

6. 晏子辞齐景公之赐

一次，晏子正在家里吃饭，齐景公派遣的一位使者刚好前来，晏子见他还没吃饭，便将自己的饭食分给使者吃。结果，使者没吃饱，晏子也没吃饱。

使者见晏子身为齐国重臣，家里竟然连接待宾客的饭食都不充足，感到很惊讶，回去后便将此事禀报给齐景公。齐景公听闻后，也感到很惊讶。他感慨地说：“唉，晏子如此贫穷，寡人竟然不知道，这真是寡人的过错啊！”

于是，齐景公特地派出官吏，带了千金与市租要赐给晏子，让他用来接待宾客。然而，晏子却坚辞不受。齐景公再三要赐给晏子，晏子很郑重地向齐景公拜了两拜，辞谢说："臣家里并不穷。君王的恩赐惠及臣的父、母、妻三族，又延及交往的志士，救济了许多百姓，君王的赏赐实在太厚重了！臣家里并不贫穷啊。臣听说，从君王那里厚取，再厚施于百姓，以君之惠，争君之民，是代君治民，忠臣不这样做；从君王那里厚取，却不肯施于民，这是私藏己用，仁者不这样做；进取于君，退又不能济士，身亡后将财产留给他人，如同家臣为主子藏财，不能有所利用，智者不这样做。而一个人只要有很少的粮食、布料，就足以免于饥寒了。"

齐景公听后，仍然希望晏子接受，于是对晏子说："昔日先王桓公，以书社五百赐封管仲，管仲并不推辞，接受了下来，先生您又何必拒绝呢？"

晏子回答道："臣听说，圣人千虑，必有一失；愚人千虑，必有一得。臣想，或许管仲当初之失就是臣今日之得吧？"晏子再拜而不接受。

【古理今说】

晏子身为齐国相国，理应享受万钟俸禄，然而他自己吃的却是粗茶淡饭，就连使者来了，也只是将自己的那份食物分给使者吃，其尚勤尚俭的精神，着实令人感动。

晏子真的很穷吗？其实他并不穷，他将自己的俸禄惠及了父、母、妻三族的亲人，也帮助了那些相交的仁人志士，救济了齐国百姓。然而，晏子自己却只需解决温饱即可，其勤俭的态度，实在令人敬佩。

晏子用自己的俸禄去帮助亲族和百姓，却辞而不受齐景公的赏赐。晏子认为，接受君王丰厚的赏赐，再厚施给百姓，就好像拿着君王给予的恩惠，去争得君王的百姓，以此得到百姓的爱戴，却并不能使百姓感恩君王，还不如君王将恩惠直接施于百姓，使上下和睦，一片安乐。因此，忠诚的臣子不做这种厚取厚施之事。晏子以此来推辞齐景公的厚赐。

晏子进而又说，若是得到君王的厚赐，却只是藏起来私用，在看到亲友们遭受贫困、衣不遮体，或是看到有人食不果腹、家贫难挨时，还是只顾自己，那是自私自利，仁慈的人是不会这样做的。因此，君王即使再行赏赐，晏子也依然会节俭地生活，并将赏赐之物用于救济有需要的人，在接待宾客时也仍会食物不足！

壁立千仞，无欲则刚。晏子以贫为师，安于贫俭，安于本分，因此不被外物所累，过得安然自在。如此廉洁的操守，也使得晏子在为官期间，能刚正不阿，公正廉明。晏子高尚的道德情操，不仅令我们深深敬佩，也值得我们认真学习。

7. 彰君之赐

有一天，齐景公饮酒，田桓子在身边侍候。过了不久，田桓子远远看见晏子走来，便向齐景公禀报说："请君王罚晏子喝酒。"

齐景公很疑惑，问："为什么呢？"

田桓子答道："君王，您看晏子身穿布衣麋裘，乘驾弊车劣马来上朝，这是隐藏君王对他的恩赐啊。"齐景公听了觉得有理，感叹道："是啊！"

于是，等晏子拜见齐景公坐定之后，斟酒者呈上酒杯，对晏子说："君王罚您喝酒。"晏子觉得很奇怪，问："这是什么缘故呢？"

田桓子说："君王赐您卿位以尊显您的身份，给您百万钱财来富厚您的家境。诸臣的爵位，没有比您更尊贵的了；诸臣的俸禄，也没有比您更优厚的了。可您却身穿布衣麋裘，乘驾弊车劣马来上朝，这是隐藏君王对您的恩赐啊，因此要罚您喝酒。"

晏子听了，离席向齐景公作礼问道："微臣是先喝下这杯罚酒，而后再解释，还是先解释再喝呢？"齐景公说："先解释再喝罚酒吧。"

晏子说："君王赐臣卿位来尊显臣，但晏婴不敢因为显贵而受命，而是为奉行君令而受命；君王赐臣百万钱财来富厚臣家，可晏婴不敢因为财富而受命，而是为让君王的恩赐通达更多的人，以彰显君赐。"

"臣听说，古时的贤君如果知道臣子受了厚赐，却不能照顾其贫困的亲族，就责备他；知道臣子任职而不能尽其责，也责备他。君王的内亲，臣的父兄，如有散失在荒野的，这是臣的过错。君王的外亲，臣相识的人，如有流离四方的，这是臣的过错。兵甲不坚，战车不固，这也是臣的过错。可乘驾弊车劣马来上朝，臣想这并不是臣的过错。"

"更何况，因为君王的厚赐，臣的父族亲人中，没有不乘车马的；母族亲人中，没有不足衣足食的；妻族亲人中，也没有挨饿受冻的；国内的贫士，等待臣济助过活的也有数百家之多。像这样的情形，是彰显君王的恩赐，还是隐藏君王的恩赐呢?”

齐景公听后大为感慨：“好！那就替寡人罚田桓子一杯吧!”

【古理今说】

晏子身居高位，享受厚禄，令旁人羡慕。然而晏子却明白，高位的实质，是为奉行君令；厚禄的使用，是为彰显君赐。田桓子看到晏子身穿布衣麋裘，乘驾弊车劣马，便认为晏子是隐藏君王对他的恩赐。可田桓子不知道，晏子虽清贫自守，自身节俭，却已将君王的恩赐厚施于身边亲族及国内贫士，使更多的人一起领受君王的恩赐。这不正是在彰显君王的恩赐吗?

晏子能舍己为众，将个人所得与人分享，真可谓贤达之士。他这样做，不仅使亲族、贤士得到救助，也使君王的恩惠得以通达更多的百姓。亲族、贫士与百姓安居乐业，也会因此对君王生出感恩之心。

细想，晏子能以高位来利众，以厚禄来济众，不正是源于晏子那颗爱国利民的心吗？他清廉正直，大公无私，只为帮助齐国向更好的方向发展。在他的辅佐之下，齐国更加安宁，百姓生活更加安定。他不图个人私利，便能刚正不阿，秉公执法。有道是“君子无欲则刚”，人能不被物欲、私欲所困，自然刚强，不受束缚。这也使得晏子能不陷诱惑深渊，长居高位，安享晚年。一个真正有智慧、有德行的人，是不会让自己被欲望所缚，从而陷入困境、绝境之中的。

8. 以贫为师

晏子任齐国宰相三年，齐国政治清明，民众欢欣。梁丘据见晏子吃的饭里肉食不多，就禀报给了齐景公。

第二天，齐景公要把都昌之地封给晏子，晏子推辞不肯接受，说：“富裕而不骄纵的人，我没听说过；贫困而不感到遗憾的人，我就是。我之所以能安于贫困而不感到遗憾，是因为我以贫困为老师。如今您赐给我封赏，就是更换了我的老师。老师被看轻了，封赏被看重了，所以我请求辞谢您给我的封赏。”

【古理今说】

晏子作为齐国相国，吃的饭食里竟然很少有肉。是晏子吃不上肉吗？不是。其实晏子并不贫穷，他将自己的俸禄救济了父、母、妻三族的亲人，也将俸禄帮助那些仁人志士，救济齐国百姓，因此自己只能过清贫的生活。更重要的是，晏子眼中看到的、心里想到的只有国家社稷，只有平民百姓，自己只需解决温饱就可以了。晏子能安于贫困，安于本分，正是他以贫为师、以俭为德的思想观念在起作用。

纵观当今，对每一个党员领导干部来说，要做到安贫并非易事。不少落马的贪官，大多是耐不住清贫而逐渐走上犯罪道路的。而那些为人民所敬仰的公仆，几乎都是能耐得住清贫的。方志敏被敌人抓到时，身上一个铜板也没有；焦裕禄当了县委书记，家里穷得常常没米下锅；孔繁森为了养活收养的三个孤儿，偷偷地卖了三次血。他们也同样做官，但做得两袖清风，一身正气，赢得了人民的爱戴。

“官瘦民肥，乃国家之大幸。”党员领导干部是否有“以贫为师”的思想，反映的是一个人的政治素质，关系到党心民心，关系到党和国家的前途和命运。当然，我们今天提倡官员清贫，并不是要求他们穿补丁衣服，吃草根树皮，而是要在这样一个大是大非的原则问题上，必须时时刻刻保持清醒的头脑，不忘清贫的精神，树立节俭朴素的生活作风。

9. 辞谢更宅

齐景公想为晏子更换住宅，说："您的住宅靠近市场，低湿狭窄，喧闹多尘，不适合居住，给您换一所明亮干燥的大房子吧？"

晏子辞谢说："君王的先臣——我的祖、父辈就住在这里。它对我来说已经很奢侈了，我都不配继承它；而且我住的地方靠近集市，早晚都能买到我所需要的东西，这对我来说是很有利的，哪里还敢烦扰您给我另换住宅呢？"

【古理今说】

在一般老百姓的心目中，相国应该过着荣华富贵的生活，穿的是绫罗绸缎，吃的是山珍海味，住的是高房大院。但也有例外，晏子就是一个生动的例子。他身为齐国相国，不仅住的地方不够好——闹市附近，潮湿喧嚣，而且房子也很破旧，条件很差。齐景公有心要给他换一所高大明亮的住宅，改善一下居住环境，晏子却坚辞不受，认为自己的房子已经够奢侈了，而且还找出了自己住所的诸多好处。晏子的高风亮节让我们不得不钦佩。

10. 齐景公为晏子盖新宅

晏子出使晋国时，齐景公把他邻居家的住宅拆了，扩建了晏子的住宅。晏子回国后，听说了这事，就待在城外，派人禀告齐景公说："臣下太贪婪顽劣，而且喜欢大房子，让君王知道了，所以君王替我扩建了住宅，我的罪过太大了啊。"

齐景公说："先生住的地方环境恶劣，而且房子太小了，所以我为先生着想，让您居住得好一点，您就让我满足这个心愿吧。"

晏子回答道："先人曾说过，不图卜个好宅基，只图卜个好邻居。如今得志于君王的人很满意自己的住宅，就无须占卜了，而邻居的先人经占卜与我为邻，很吉利，我怎么可以废弃邻居的占卜呢？为了扩建自己的住宅而违背邻居的归向之心，我不愿意这么做，请恢复他们原来的住宅吧。”

齐景公起初不同意，后来晏子请陈桓子帮忙请求，齐景公这才同意了。

【古理今说】

晏子身为齐国相国，应该有一幢像样的官邸，但他一直拒绝齐景公给他更换住宅的美意。齐景公趁着晏子出使晋国的机会，派人强行拆除了与晏子毗邻而居的那些百姓的住房，把晏子的住宅扩建成了又宽敞又气派的官邸。

晏子出使归来，一切已成定局，但他并没有被感动。出于礼节，他先是拜谢了国君的赏赐，然后毫不犹豫地请求齐景公拆除掉它，接着按原样重修民宅，再次召回那些被赶走的老邻居。而他自己的住宅，也同样还原成了狭小潮湿、嘈杂不堪的老样子。他的理由很朴实：住在一个地方是否舒畅，关键在于毗邻而居的人，而不是自己房子的大小。晏子宅心仁厚、崇尚节俭、不慕奢华的精神境界，难道不值得我们省思并学习吗？

11. 晏子固辞千金之裘

齐景公赐给晏子一件白狐皮袍，让梁丘据给他送去，上面有黑色的豹皮镶边，价值千金。晏子来回推辞了多次，就是不肯接受。

齐景公说："寡人有两件这样的皮袍，如果您不肯接受，那寡人也不敢穿了。与其把它放置起来不穿，还不如把它穿破呢。"晏子回答道："君王让我统管百官的政事，已经是恩赐于我了。您穿着这样一件皮袍，如果我再穿一件的话，那我就很难对别人进行管教了。"

最后，晏子还是坚决推辞，不肯接受。

【古理今说】

晏子认为，节俭是贤人的固有品质，所以他对那些富贵骄奢、铺张浪费的人及其行为从心底里反感。面对千金之裘，尤其是一国之君亲自赏赐的千金之裘，该会有多少人祈望得到并加之于身啊！但面对这样的诱惑，晏子毫不为之所动，三番五次地拒绝，就是不肯接受。

晏子有他不接受的理由，在他的心目中，能够有衣

晏子固辞千金之裘

服穿就已经不错了，能够俭省就尽量俭省，奢华的皮袍只会增加他的心理负担。更何况，作为管理百官的宰相，如果穿着奢华，就很难再去管教他人。

说到底，晏子辞掉的并不仅仅是千金之裘，更是各种物质诱惑的侵蚀。作为人民公仆，就要以身作则，只有这样，才会营造一种崇尚节俭的良好社会氛围！面对晏子的节操和骨气，当今之人，更应三思之。

12. 晏子辞邑

齐景公赐予晏子城邑，晏子推辞了。田桓子对晏子说：“君王高高兴兴地赐给您城邑，您却坚决不肯接受，违背了君王的一片美意，这是为什么呢？”

晏子回答道：“我听说，接受君王的赏赐要有节制，得到君王的宠爱才会长久；俭朴地居住在自己的住所，名声就会在外面传扬。长久受宠，美名远扬，这是君子所要做的事情，为什么唯独我就不可以做呢？”

【古理今说】

面对一国之君赐给自己的城邑，晏子不是大喜过望，而是坚辞不受。按照常理来说，这有点说不通。难怪田桓子对晏子的举动表示不解和诧异，并亲自询问。晏子告诉他，受赏有节制，安于俭朴，才能美名远扬，这是君子所要做的事情。

那么，晏子为什么要“辞邑”呢？原因很简单，就是因为他对人性有着深刻的认识，善于节制自己的欲望。人的欲望是没有止境的，欲壑难填，若任由其泛滥，势必造成欲望膨胀，而一旦欲望过度膨胀，那也就离灾祸不远了。中国古人强调修身，而修身最重要的一条就是要善于节制欲望。孟子说：“养心莫善于寡欲。其为人也寡欲，虽有不存焉者，寡矣；其为人也多欲，虽有存焉者，寡矣。”在富贵到来之际，晏子能够做到节欲不贪，十分难得，难怪司马迁对其推崇备至，在《史记·管晏列传》中说：“假令晏子而在，余虽为之执鞭，所忻慕焉。”

主要参考书目

1. 汤化．晏子春秋［M］．北京：中华书局，2013.

2. 王振民．晏子研究文集［M］．济南：齐鲁书社，1998.

后 记

在这个万籁俱寂的凌晨，当我修订完最后一个字，看着已经完成的作品，想想这段时间以来夜以继日通宵达旦地劳作时，感受到的竟然不是辛苦的劳累，反倒是一种新生的喜悦。

说老实话，对于晏子，如果不是因为本书的写作，我不会了解这么多。在整理书稿的日子里，在阅读他的言谈事迹，在和他隔着2500年的光阴进行真诚对话的过程中，我深深为晏子的品德操行，为他一颗炽热的为民心所感染，所感动。在那个时代，没有司法部门的威慑，没有纪检部门的监督，没有政治学习的环境，晏子，靠什么来约束自己？到底是什么支撑着他，在从政事三君五十余年的历程中，始终不改为政本色？

晏子的座右铭是：“独立不惭于影，独寝不惭于魂。”他的一生，完全是按这个座右铭行事的。同时代的孔子、墨子对他都极为尊崇。孔子称他：“救民之生而不夸，行补三君而不有，虽事惰君，能使垂衣裳朝诸侯。”墨子称他：“为人者重，自为者轻，先民而后身，薄身而厚民。”司马迁也极为尊敬晏子，他说：“假令晏子而在，余虽为之执鞭，所忻慕焉。”那面对晏子，我们应该思索些什么呢？在历史面前，我们可以做一名谦恭的小学生，那么，学习借鉴一代贤相晏子就是题中之义了。

最后，我要感谢本书的责任编辑丁洪玉，我的先生丁大勇，我的朋友骆雁峰、张竹林等，也感谢研究晏子的各位前辈，你们的研究成果让我受益匪浅。

是以为记。

2014 年 6 月 6 日

晏子存而民心安

——写在再版之际

2014年，党的群众路线教育实践活动如火如荼之际，彼时我正在研读《晏子春秋》，教育实践活动提出"为民务实清廉"的要求，和晏子的思想文化有相互融通之处，电光石火之间，我的灵感瞬间被点燃，挖掘三代贤相晏子的小故事，结合当下现实，以古鉴今，于是就有了该书的诞生。

如今，八年过去了，八年间，我和晏子之间一直没有"断线"。阅读晏子的故事，撰写关于晏子的课题、论文，讲授、传播晏子思想文化的当代意义和价值等，在对晏子思想逐渐加深感性认识的同时，晏子这一历史人物也日益走进了我的内心。我感觉晏子就像一位师长，一位智者，他娓娓而谈，我静默以听，总能给我以感悟和启迪。这次选择将该书再版，一则缘于出版社的邀约，二则来自内心对晏子的尊崇，希望这一千古廉相能进一步走进广大党员干部的视野，走进他们的内心。为什么有这样的希望呢？我们知道，我们党的宗旨是全心全意为人民服务，从毛主席“一切从人民的利益出发”到习近平总书记“人民对美好生活的向往，就是我们的奋斗目标”，一百年来，坚持人民利益至上，是中国共产党人坚守不变的价值理念，人民始终是共产党人念兹在兹的初心和情怀。

如何守住守好人民的心？通达的途径有很多，而作为高密三贤之一的历史人物晏子或许能给我们提供某些镜鉴。齐国百姓中流传着这样一句话——“晏子存而民心安”。据史料记载，有一次，齐庄公关上城门，准备去攻打莒国。满城的人以为发生了叛乱，都拿着长枪大刀，站到了大路口。齐庄公就召来睢休相问怎么回事，睢休相回答说：“明明没有叛乱而人们却以为有，那是因为仁德的人不在这里。请您向都城传布命令，就说晏子在这里呢。”齐庄公说：“好吧。”于是，向都城传布命令：“谁说都城有叛乱？晏子在这里呢。”然后，都城的人都收起兵器回家了。在齐国百姓心里，晏子就是道德、礼仪、法律、智慧的化身，是齐国的国运和保护神，晏子在，百姓安。这是百姓对晏子极高的评价。晏子为什么能得到齐国百姓如此爱戴？《晏子春秋·卷八·外篇·篇十五》给出了答案：“晏子存而民心安，此非一日之所为也，所以见于前信于后者。是以晏子立人臣之位，而安万民之心。”也就是说，晏子能得到百姓的信赖并非一日之功，而是由于长期以来百姓见证了晏子的仁心和廉洁，晏子才收获了他们的信任。晏子究竟做了什么，让齐国百姓对他如此爱戴？这个问题的解答，有赖于对晏子及其思想的深入了解，也必定为新时代“守好人民的心”提供借鉴和启发。

高密历史悠久，文化深厚，有“三贤四宝一文豪”之说。近水楼台先得月。作为高密人，近些年，我对古代的晏子，对当代的莫言，均多有研究。一个深刻的感触是：跟莫言学为文，跟晏子学为官。历史是最好的教科书，在百年未有之大变局和世纪疫情叠加的历史背景下，我们在应对重大挑战、抵御重大风险、克服重大阻力、化解重大矛盾、解决重大问题时，不妨把眼光放到历史的长河中，或许能找到需要的答案。

当然，囿于再版的要求，本次修订在内容上没有做大的改动，基本上保持了原来的体例。希望这本小册子能抛砖引玉，激发大家进一步挖掘和研究晏子思想文化的热情，也希望广大党员干部善于从中华优秀传统文化中汲取治国理政的智慧，厚植廉洁文化素养，做好人民的勤务员。

最后，我要感谢中共高密市委党校党委书记吕春芳，山东理工大学齐文化研究院原院长宣兆琦，济南出版社副总编辑郭锐，感谢他们对本书再版的支持和厚爱。

2022 年 5 月 8 日